Manuela Schmidt

Verwaltungsrecht BT 1
- Polizei- und Ordnungsrecht-

9. Auflage 2016

ISBN 978-3-86724-074-1

9. Auflage 2016

Bezug möglich direkt vom Verlag
niederle media
48341 Altenberge
Fax (02505) 93 98 99
E-Mail: info@niederle-media.de
www.niederle-media.de

Inhalt

Verwaltungsrecht BT 1

▶ Vorwort

Dieses Skript ist gedacht als Einführung in die Grundlagen des Besonderen Verwaltungsrechts. Zu den Gebieten des Besonderen Verwaltungsrechts, die in diesem Skript dargestellt werden, zählen

- das Polizei- und Ordnungsrecht (an den zentralen Stellen mit den Normen aller 16 Bundesländer),
- das Versammlungsrecht,
- das Gewerberecht.

> Um das Lösen von POR-Fällen zu trainieren, empfehlen wir ergänzend das Fall-Skript **„Standardfälle Polizei- und Ordnungsrecht".**

Der Name **niederle media** steht für Skripten, die zu einem großen Teil von Autoren mit mehrjähriger Lehr-Erfahrung als Hochschullehrer oder AG-Leiter verfasst wurden und die

- klausurrelevante Themen *kompakt* darstellen,
- meist in 1-2 Tagen und demnach *zeitsparend* durchgearbeitet werden können,
- so *verständlich* sind, dass auch Anfänger damit regelmäßig auf Anhieb klarkommen,
- *Fallbeispiele, Übersichten* und *Schemata* enthalten,
- sehr *erschwinglich* sind (ab 7 €).

Aufgrund dieser Eigenschaften sind unsere Skripten hervorragend geeignet für den ersten, unkomplizierten Einstieg in die Materie oder für eine schnelle Wiederholung kurz vor der Prüfung. Dafür drücke ich schon jetzt ganz fest die Daumen,

Jan Niederle

Erster Teil: Polizei- und Ordnungsrecht

Lektion 1: Grundlagen des Polizei- und Ordnungsrechts

A. Gegenstand des Polizei- und Ordnungsrechts

Eine zentrale Aufgabe des Staates besteht darin, die öffentliche Sicherheit und Ordnung zu schützen, Gefahren von ihr abzuwenden und bereits eingetretene Störungen zu beseitigen. Das *Polizei- und Ordnungsrecht (POR)* stellt die rechtliche Grundlage für diesen Teil staatlichen Handelns dar. Das POR ist demnach das allgemeine Recht der *Gefahrenabwehr*.

Klausurtipp: Da das POR für das Verständnis des speziellen Gefahrenabwehrrechts (Versammlungsrecht, Gewerberecht etc.) notwendig ist, ist es besonders *klausurrelevant*. Wo das spezielle Gefahrenabwehrrecht Lücken aufweist, muss auf das allgemeine POR zurückgegriffen werden.

Das POR ist *präventiv*, d.h. auf die Abwehr von Gefahren, die Verhinderung ihrer Entstehung oder ihre Beendigung gerichtet. Darin liegt der Hauptunterschied zum Straf- und Ordnungswidrigkeitenrecht, das *repressiv*, d.h. auf die Verfolgung und Ahndung bereits begangener Straftaten bzw. Ordnungswidrigkeiten gerichtet ist.

Beispiel 1: Bei der Polizei droht ein Anrufer damit, in einer Stunde die Gaststätte des G „mit einer Bombe in die Luft zu jagen." Um Leib und Leben der Gaststättenbesucher und Anwohner zu schützen, lässt die Polizei die Gaststätte und die angrenzende Wohnsiedlung sofort räumen und sperrt einen großräumigen Bezirk um die Gaststätte herum ab. Der Anruf erweist sich glücklicherweise als Fehlalarm. Um den Anrufer zu ermitteln und ein Strafverfahren gegen diesen zu ermöglichen, stellt die Polizei die Identität der Gaststättenbesucher und Anwohner fest. Handelt es sich bei den Maßnahmen der Polizei um Gefahrenabwehr- oder Strafverfolgungsmaßnahmen?

Lösung: Durch das Räumen der Gaststätte und der angrenzenden Wohnsiedlung sowie die großräumigen Absperrung sollten Gefahren für Leib und Leben der Gaststättenbesucher und Anwohner abgewehrt werden, so dass diese Maßnahmen der Gefahrenabwehr zuzuordnen sind. Die Identitätsfeststellung der Gaststättenbesucher und Anwohner diente hingegen der Strafverfolgung: durch diese Maßnahme sollte der Anrufer ausfindig gemacht werden, um die Strafwürdigkeit seiner Handlung zu überprüfen und ein Strafverfahren gegen ihn zu ermöglichen.

Die Einordnung als *Gefahrenabwehr* oder *Strafverfolgung* entscheidet über

- die Art des Rechtsschutzes:

  - *präventive Maßnahmen:* gem. § 40 I der Verwaltungsgerichtsordnung (VwGO) ist der Rechtsweg zum Verwaltungsgericht eröffnet;

  - *repressive Maßnahmen:* gem. §§ 23 ff. EGGVG ist für Justizverwaltungsmaßnahmen *(sog. Justizverwaltungsakte)* ein Strafsenat beim Oberlandesgericht zuständig (Ausnahme: Zuständigkeit des Amtsgerichts gem. § 23 III EGGVG i. V. m. § 98 II 2 der Strafprozessordnung (StPO) bei Handlungen nach der StPO);

- die Rechtmäßigkeitsvoraussetzungen von polizeilichen Maßnahmen;

- die einschlägigen Verfahrensvorschriften: gem. § 2 II Nr. 2 des Verwaltungsverfahrensgesetzes (VwVfG) gilt das VwVfG nicht für Maßnahmen der Strafverfolgung und der Verfolgung und Ahndung von Ordnungswidrigkeiten.

Problematisch ist in diesem Zusammenhang die Überschneidungssituation, in der für ein und dieselbe Maßnahme sowohl präventive als auch repressive Ermächtigungsgrundlagen in Betracht kommen. Man spricht in diesem Fall von einer *sog. doppelfunktionalen Maßnahme*. Als Abgrenzungskriterium für die Zuordnung doppelfunktionaler Maßnahmen wird überwiegend auf das *objektive Schwergewicht* des polizeilichen Handelns und den damit verfolgten Zweck abgestellt, d.h., ob die jeweilige Maßnahme ihren Schwerpunkt in der Gefahrenabwehr oder in der Strafverfolgung hat. Entscheidend ist hiernach, wie die Maßnahme nach außen für einen objektiven Dritten erkennbar ist. Im Zweifelsfall ist davon auszugehen, dass die Gefahrenabwehr wichtiger ist als die Strafverfolgung.

Beispiel 2: Die rechtsextreme P-Partei veranstaltet im Innenstadtbereich der Stadt S eine Großdemonstration. Die Polizei hat an mehreren zentralen Zufahrtsstraßen, die zu dem Kundgebungsort führen, Kontrollstellen eingerichtet. Hier werden im Vorfeld passierende Autos von der Polizei kontrolliert, um festzustellen, ob die Fahrzeuginsassen auf dem Weg zur Demonstration sind und Waffen tragen, die bei einer Demonstration nicht mitgeführt werden dürfen. Der gewaltbereite Demonstrant D wird an einer der Kontrollstellen angehalten. Die Frage, ob er an der Demonstration teilnehmen wolle, bejaht er wahrheitsgemäß. Bei der anschließenden Überprüfung seines Fahrzeugs findet die Polizei in seinem Kofferraum mehrere Schlagstöcke, Messer und weitere Waffen. Als die Polizei die Identität des D feststellen will, reagiert dieser aggressiv, beschimpft die anwesenden Polizisten als „Bullenschweine" und tritt den Polizisten P. P nimmt D darauf hin fest. Hat die Polizei präventiv zur Gefahrenabwehr oder repressiv zur Strafverfolgung gehandelt?

Lösung: Bei der Lösung des vorstehenden Fallbeispiels ist zunächst zu beachten, dass jede einzelne Maßnahme getrennt auf ihre Zuordnung hin zu überprüfen ist. Die Einrichtung der Kontrollstelle im Vorfeld der Demonstration hat einen doppelfunktionalen Charakter. Zum einen soll sie der Strafverfolgung gewalttätiger Demonstranten dienen (= repressiv) und zum anderen soll sie einen gewaltfreien Verlauf der Demonstration sicherstellen (= präventiv). Stellt man auf den Schwerpunkt der Kontrolle ab, handelt es sich - aus der Sicht eines objektiven Dritten – in erster Linie um eine präventive Maßnahme. Durch die Kontrolle der Demonstranten sollen gewaltbereite Demonstranten ausfindig gemacht werden, um Gefahren für Leib und/oder Leben der übrigen Demonstranten und die Beschädigung fremden Eigentums zu verhindern. Durch die anschließende Festnahme des D soll zwar verhindert werden, dass es zu körperlichen Verletzungen der Polizisten kommt (= präventiv). Wichtiger ist jedoch, dass mit dieser Maßnahme die Strafverfolgung gegen D ermöglicht wird. Durch die Festnahme des D hat die Polizei damit repressiv zur Strafverfolgung gehandelt.

B. Gesetzliche Grundlagen des Polizei- und Ordnungsrechts

Die gesetzlichen Grundlagen für das Polizei- und Ordnungsrecht finden sich oft in mehreren Gesetzen. In NRW ergibt sich z.B. die *Verwaltungsorganisation* der Polizeibehörden aus dem Polizeiorganisationsgesetz (POG NW). Die *Aufgaben- und Befugnisnormen* für die *Polizeibehörden* sind im *Polizeigesetz* (PolG NW) geregelt.

Das allgemeine Ordnungsrecht hat in NRW seine gesetzliche Grundlage im *Ordnungsbehördengesetz* (OBG NW), das wie das PolG, Aufgaben- und Befugnisnormen enthält. In der nachfolgenden Darstellung werden jeweils die zentralen Befugnisnormen aller 16 Bundesländer aufgelistet.

C. Aufgaben der Polizei- und Ordnungsbehörden

Die eigentliche Aufgabe der Polizei- und Ordnungsbehörden besteht in der Gefahrenabwehr, vgl. z.B. § 1 I 1 PolG NW; § 1 I OBG NW). Damit ist zunächst die *klassische Gefahrenabwehr* gemeint, d.h. die Abwehr von Gefahren für die öffentliche Sicherheit und Ordnung.

Nach § 1 I 1 PolG NW hat die Polizei über die klassische Gefahrenabwehr hinaus folgende Aufgaben der Gefahrenabwehr:

- die vorbeugende Bekämpfung von Straftaten, (§ 1 I 2 PolG NW), d.h. die Verhütung von Straftaten sowie die Verfolgung künftiger Straftaten und

- die Vorbereitung für die Hilfeleistung und das Handeln in Gefahrenfällen (§ 1 I 2 PolGNW).

Daneben hat die Polizei die Aufgabe der Vollzugshilfe (§ 1 III PolG NW). Schließlich haben Polizei- und Ordnungsbehörden die Aufgaben, die ihnen durch andere Rechtsvorschriften als die der Polizei- und Ordnungsgesetze zugewiesen sind (§ 1 IV PolG NW; § 1 III OBG NW).

Beispiel 3: Zwangsweise Zuführung von Schülern, die vom Unterricht fernbleiben (= spezialgesetzlich geregelter Fall der Vollzugshilfe); bei der *sog. Ordnungspartnerschaft* geht ein Polizeibeamter gemeinsam mit einem Beamten des Ordnungsamts Streife und schreitet gemeinsam mit diesem ein.

<table>
<tr><th colspan="4">Aufgaben der Polizei- und Ordnungsbehörden</th></tr>
<tr><td colspan="4">Gefahrenabwehr</td></tr>
<tr><td rowspan="2">Klassische Gefahrenabwehr (z.B. § 1 I 1 PolG NW; § 1 I 1 OBG NW)
= Abwehr von Gefahren für die öffentliche Sicherheit und Ordnung</td><td rowspan="2">Vorbereitung auf künftige Gefahrenabwehr (z.B. § 1 I 2 PolG NW)</td><td colspan="2">Vorbeugende Bekämpfung von Straftaten (z.B. § 1 I 2 PolG NW)</td></tr>
<tr><td>Verhütung künftiger Straftaten</td><td>Vorbereitung auf künftige Strafverfolgung</td></tr>
<tr><td colspan="4">Vollzugshilfe</td></tr>
<tr><td colspan="4">Durch andere Rechtsvorschriften zugewiesene Aufgaben</td></tr>
</table>

D. Polizeibegriff (heutiges Begriffsverständnis)

Heute gibt es keinen einheitlichen Polizeibegriff. Es wird unterschieden zwischen

- dem materiellen Polizeibegriff,
- dem institutionellen (organisatorischen) Polizeibegriff und
- dem formellen Polizeibegriff.

I. Materieller Polizeibegriff

Der *materielle Polizeibegriff* bestimmt die inhaltliche Tätigkeit der Polizei, indem er die Polizei gleichsetzt mit Gefahrenabwehr. Nach dieser Begriffsbestimmung ist unter *Polizei* das Handeln des Staates zu verstehen, das dazu dient, Gefahren oder bereits eingetretene Störungen von der Allgemeinheit oder dem Einzelnen abzuwenden.

II. Institutioneller (organisatorischer) Polizeibegriff

Der Polizeibegriff im *institutionellen oder organisatorischen Sinne* orientiert sich an der Zugehörigkeit zu einer bestimmten Gruppe von Behörden, nämlich den Polizeibehörden. Es handelt sich um diejenigen Stellen der öffentlichen Verwaltung, die dem *Organisationsbereich der Polizei* zuzurechnen sind.

III. Formeller Polizeibegriff

Der *formelle Polizeibegriff* beschreibt die Aufgaben und Zuständigkeiten der Polizeibehörden. Danach sind unter Polizei diejenigen Stellen zu verstehen, die die Aufgaben der Polizei im institutionellen Sinne wahrnehmen, wobei es nicht darauf ankommt, ob es sich hierbei z.B. um Gefahrenabwehr- oder Strafverfolgungsmaßnahmen handelt.

Polizeibegriff (heutiges Begriffsverständnis)	
Materieller Polizeibegriff	Staatliche Tätigkeit zur Gefahrenabwehr
Institutioneller (organisatorischer) Polizeibegriff	Die dem Organisationsbereich der Polizei zuzurechnenden Verwaltungsbehörden
Formeller Polizeibegriff	Alle Aufgaben, die die Polizei im institutionellen Sinne wahrnimmt

E. Struktur der Polizei- und Ordnungsbehörden

Alle Ordnungsbehörden, denen Ordnungsaufgaben zugewiesen sind, sind Behörden der Gefahrenabwehr. Da in Art. 73 bis 75 GG keine generelle Zuständigkeitsregelung des Bundes für die Gefahrenabwehr zu finden ist, ist diese folglich Sache der Länder. Der Bund hat nur noch in einigen Teilbereichen Gesetzgebungskompetenzen, von denen er auch Gebrauch gemacht hat.

Beispiel 4: Bundesimmissionsschutzgesetz (BImSchG), Gewerbeordnung (GewO).

Somit ist das allgemeine Polizei- und Ordnungsrecht Sache der **Länder.**

I. Bundesbehörden mit Gefahrenabwehraufgaben

Der Bund hat zur Durchsetzung seiner Verwaltungsaufgaben einige Sonderpolizeibehörden geschaffen.

Beispiel 5: Kraftfahrtbundesamt, Bundeskriminalamt, Bundesministerium des Inneren, Bundesgesundheitsamt.

II. Behörden mit Gefahrenabwehraufgaben in den Ländern

In den Ländern haben sich zwei unterschiedliche Organisationsmodelle herausgebildet:

1. Das Einheitssystem

Nach dem *Einheitssystem* nimmt allein die Polizei die Aufgabe der Gefahrenabwehr wahr. Materieller und institutioneller Polizeibegriff stimmen also überein. Die Polizei nimmt – mit wenigen Ausnahmen - damit alle Aufgaben der Gefahrenabwehr wahr. Dieses Modell besteht in Baden-Württemberg, Bremen, Rheinland-Pfalz, Sachsen und im Saarland.

2. Das Trennsystem

Nach dem in den übrigen Ländern geltenden *Trennsystem* wird die Gefahrenabwehr auf allgemeine sowie besondere Ordnungsbehörden zum einen und Polizeibehörden zum anderen verteilt. Letztere haben die Kompetenz des „ersten Zugriffs“.

F. Rechtsstaatliche Anforderungen an Gefahrenabwehrmaßnahmen

Das Handeln der Polizei- und Ordnungsbehörden ist an zahlreiche rechtsstaatliche Anforderungen gebunden. Insbesondere die Grundsätze des *Vorrangs und Vorbehalts des Gesetzes sowie das Übermaßverbot* sind zu beachten.

I. Grundsatz des Vorrangs des Gesetzes

Nach dem aus Art. 20 III GG abgeleiteten *Grundsatz des Vorrangs des Gesetzes* ist die vollziehende Gewalt an Recht und Gesetz gebunden.

II. Grundsatz des Vorbehalts des Gesetzes

Aus dem in Art. 20 III GG festgelegten *Grundsatz des Vorbehalts des Gesetzes* folgt, dass eine Belastung des Bürgers *nicht ohne* ein Gesetz erfolgen darf. Eingriffe in die Grundrechte einzelner Bürger bedürfen daher einer gesetzlichen Grundlage. Grundrechtseingriffe finden insbesondere im Bereich der sog. Eingriffsverwaltung statt. Die Tätigkeit der Polizei- und Ordnungsbehörden ist der Eingriffsverwaltung zuzuordnen. Es ist somit eine Ermächtigungsgrundlage (Befugnisnorm) erforderlich, auf die sich die Behörde bei ihrer Maßnahme stützen kann.

III. Übermaßverbot

Schließlich ist beim polizei- und ordnungsbehördlichen Handeln das *sog. Übermaßverbot* zu beachten, d.h. die Behörde muss auf der Rechtsfolgenseite bei der Ausübung des ihr eingeräumten Ermessens darauf achten, dass die Maßnahme geeignet, erforderlich und angemessen (= verhältnismäßig) ist.

Lektion 2: Handlungsformen zur Gefahrenabwehr

Greift das polizei- und ordnungsrechtliche Handeln in die Rechte und Rechtsgüter des Einzelnen ein, bedarf es – um dem oben ausgeführten Grundsatz vom Vorbehalt des Gesetzes zu genügen - zunächst einer einschlägigen Ermächtigungsgrundlage.

A. Trennung zwischen Aufgaben- und Befugnisnormen

Bei der Prüfung, ob eine Gesetzesnorm als Ermächtigungsgrundlage für die polizei- und ordnungsrechtliche Maßnahme in Betracht kommt, ist zu beachten, dass es sich um eine *Befugnisnorm* und *nicht* lediglich um eine *Aufgabenzuweisungsnorm* handeln darf. Befugnisnormen beschreiben die Voraussetzungen, die vorliegen müssen, damit die Behörde in rechtmäßiger Weise in die Sphäre des Bürgers eingreifen kann. Aufgabenzuweisungsnormen sind hingegen keine Grundlage für Grundrechtseingriffe.

Beispiel 6: Nachdem der bissige Hund der T wiederholt den Briefträger B angegriffen hat, gibt das zuständige Ordnungsamt der T mittels Ordnungsverfügung auf, den Hund künftig nur noch mit einem Maulkorb versehen auf ihrem Grundstück herumlaufen zu lassen. Die Ordnungsbehörde stützt die Maßnahme auf § 1 I 1 OBG, wonach sie die Aufgabe habe, Gefahren für die öffentliche Sicherheit und Ordnung abzuwehren. Hat die Behörde ihre Maßnahme auf die richtige Ermächtigungsgrundlage gestützt?

Lösung: § 1 I 1 OBG bestimmt lediglich die Aufgaben der Ordnungsbehörden und stellt damit *keine* Befugnisnorm dar. Eingriffe in die Rechte des Einzelnen dürfen nicht auf der Grundlage einer solchen Vorschrift erfolgen. § 1 I 1 OBG ist damit nicht die richtige Ermächtigungsgrundlage für den von der Behörde angeordneten Maulkorbzwang.

B. Ermittlung der einschlägigen Ermächtigungsgrundlage

I. Wirksamkeit der Ermächtigungsgrundlage

Gegebenenfalls ist in der Klausur die Ermächtigungsgrundlage zunächst auf ihre Wirksamkeit hin zu überprüfen. Um zu vermeiden, dass das Gutachten „kopflastig“ wird, sollte diese Frage allerdings erst im Rahmen der Prüfung der materiellen Rechtmäßigkeit erörtert werden.

II. Befugnisnormen im Polizei- und Ordnungsrecht

Bei den Befugnisnormen sind zu unterscheiden:

- die spezialgesetzlichen Ermächtigungen,
- die Generalklauseln und
- die Standardermächtigungen.

1. Spezialgesetzliche Ermächtigungen

Um sämtlichen, immer differenzierter werdenden Gefahrbereichen gerecht zu werden, hat der Gesetzgeber Fachmaterien zur Gefahrenabwehr herausgebildet *(sog. besonderes Gefahrenabwehrrecht).*

Es existiert eine große Anzahl von Spezialgesetzen zur Gefahrenabwehr, von denen insbesondere zu erwähnen sind:

- Landesbauordnung
- Versammlungsgesetz
- Waffengesetz
- Aufenthaltsgesetz
- Gaststättengesetz
- Gewerbeordnung
- Handwerksordnung
- Straßenverkehrsgesetz und Straßenverkehrsordnung
- Luftsicherheitsgesetz
- Bundesimmissionsschutzgesetz
- Atomgesetz
- Abfallgesetz
- Wasserhaushaltsgesetz

Wenn und soweit eine spezialgesetzliche Ermächtigungsgrundlage eingreift, ist von ihr Gebrauch zu machen; der Rückgriff auf die Befugnisse des allgemeinen Polizei- und Ordnungsrechts ist untersagt!

Merksatz: Das besondere Gefahrenabwehrrecht verdrängt das allgemeine Polizei- und Ordnungsrecht.

Beispiel 7: W ist seit Jahren begeisterter Jäger und besitzt inzwischen eine beachtliche Sammlung von Jagdgewehren. Seinen Gästen präsentiert er stets voller Stolz seine Jagdtrophäen und die Jagdgewehrsammlung, die er in einem Schrank in seinem Arbeitszimmer aufbewahrt. So auch an seinem 50. Geburtstag, als er seine schönsten Stücke einem Kreis von Besuchern – darunter auch seine beiden 5- und 10-jährigen Neffen - vorführt. Als die Gäste sich anschließend dem Buffet zuwenden, lässt W eines seiner Jagdgewehre auf dem Schreibtisch liegen. Die Tür des Wohnzimmerschranks, in dem sich auch Munition befindet, bleibt unverschlossen. In einem unbeobachteten Moment schleichen die beiden Neffen in das Arbeitszimmer des W, um sich die Gewehre noch einmal genauer anzusehen. Der Neffe N nimmt Munition aus dem Schrank und lädt eines der Gewehre. Versehentlich löst sich ein Schuss, der den Neffen T am Bein verletzt. Die zuständige Ordnungsbehörde erhält Kenntnis von dem Vorfall und erklärt den Widerruf der Waffenbesitzkarten. Auf welche Ermächtigungsgrundlage stützt die Ordnungsbehörde ihre Maßnahme?

Lösung: Als Ermächtigungsgrundlage kommen §§ 45 II, 4, 5 I Nr. 2 b) WaffG in Betracht. Nach § 45 II WaffG ist die Waffenbesitzkarte als Erlaubnis nach dem Waffengesetz zu widerrufen, wenn nachträglich Tatsachen eintreten, die die Versagung der Erlaubnis rechtfertigen würden. Nach § 5 I Nr. 2 b) WaffG muss eine Person, die Waffen und Munition besitzt, diese sorgfältig verwahren. Diese sonderordnungsrechtlichen Vorschriften des WaffG sind spezieller als die Regelungen des allgemeinen Polizei- und Ordnungsrechts und verdrängen diese. Als Ermächtigungsrundlage kommt daher die spezialgesetzliche Regelung der §§ 45 II, 4, 5 I Nr. 2 b) WaffG in Betracht.

Ergänzender Hinweis: Bei der Ermittlung der Ermächtigungsgrundlage ist auch daran zu denken, dass § 45 WaffG als Sondervorschrift die Widerrufsvorschriften des allgemeinen Verwaltungsrechts (§ 49 VwVfG) verdrängt!

2. Die Generalklauseln

Die polizei- und ordnungsrechtlichen *Generalklauseln* (§§ 1, 3 PolG **BaWü**; Art. 11 I PAG **Bay**; § 17 I ASOG **Berl**; § 10 I PolG **Brbg** bzw. § 13 I OBG **Brbg**; § 10 I PolG **Brem**; § 3 I SOG **HH**; § 11 SOG **Hess**; § 13 SOG **MV**; § 11 SOG **Nds**; § 8 I PolG **NW** bzw. § 14 I OBG **NW**; § 9 I POG **RhPf**; § 8 I PolG **Saarl**; § 3 I PolG **Sachs**; § 13 SOG **LSA**; § 174 LVwG **SH**; § 12 I PAG **Thür** bzw. § 5 I OBG **Thür**) sind geschaffen worden, weil nicht jeder Lebenssachverhalt von Spezialgesetzen erfasst wird.

Die Polizei- und Ordnungsbehörden können damit auch auf *atypische Gefahrensituationen* reagieren, die vom Gesetzgeber nicht durch eine Spezialbefugnis geregelt sind. Die allgemein gefasste Ermächtigung gestattet im Einzelfall Eingriffe, wenn eine konkrete Gefahr für die öffentliche Sicherheit (oder Ordnung) vorliegt.

3. Die Standardermächtigungen

Die Regelungen über Standardmaßnahmen erfassen *typische, häufig wiederkehrende Gefahrensituationen*, die den dabei auftretenden Problemen besser gerecht werden können als die Generalermächtigung. Mit den Standardmaßnahmen weist das allgemeine Polizei- und Ordnungsrecht besondere Ermächtigungsgrundlagen für Eingriffe in Freiheit, Eigentum und Wohnung auf. Durch den zumeist erheblichen Grundrechtseingriff, den die Standardermächtigungen darstellen, stellen sie höhere Anforderungen als die Generalklausel. Sie gelten ausschließlich; bei Nichtvorliegen einer der Voraussetzungen erlauben sie keinen Rückgriff auf die Generalklausel. Zu den Standardermächtigungen vgl. S. 46 ff.

(P) Meldeauflage (Ausnahme)
→ Generalklausel (+)
hM. konkretisiert durch Rspr. und Lit.

Lektion 3: Die pol.- u. ordnungsrechtl. Generalklausel

Soweit für das behördliche Handeln keine spezialgesetzlichen Regelungen oder Standardermächtigungen einschlägig sind, ist auf die polizei- und ordnungsrechtliche Generalklausel (§§ 1, 3 PolG **BaWü**; Art. 11 I PAG **Bay**; § 17 I ASOG **Berl**; § 10 I PolG **Brbg** bzw. § 13 I OBG **Brbg**; § 10 I PolG **Brem**; § 3 I SOG **HH**; § 11 SOG **Hess**; § 13 SOG **MV**; § 11 SOG **Nds**; § 8 I PolG **NW** bzw. § 14 I OBG **NW**; § 9 I POG **RhPf**; § 8 I PolG **Saarl**; § 3 I PolG **Sachs**; § 13 SOG **SA**; § 174 LVwG **SH**; § 12 I PAG **Thür** bzw. § 5 I OBG **Thür**) zurückzugreifen.

A. Struktur der Generalklausel

Der Generalklausel liegt die klassische „Wenn-dann"-Struktur zugrunde:

- **Tatbestand:** Wenn die öffentliche Sicherheit oder Ordnung in einem konkreten Fall gefährdet ist,...

- **Rechtsfolge:** ...darf die Polizei- oder Ordnungsbehörde die notwendigen Maßnahmen treffen.

Die Generalklausel hat auf tatbestandlicher Seite zwei Voraussetzungen:

- Bestehen einer **Gefahr**;

- Vorliegen eines Schutzguts

  - der **öffentlichen Sicherheit**
  - oder **Ordnung**.

> **Klausurtipp:** Entgegen der Reihenfolge der Tatbestandsmerkmale ist die Prüfung in der Klausur stets mit dem Vorliegen des Schutzguts zu beginnen, da die Gefahr immer im Hinblick auf ein bestimmtes Schutzgut zu beurteilen ist.

Wenn die tatbestandlichen Voraussetzungen der Generalklausel vorliegen, ist der Behörde auf der Rechtsfolgenseite Ermessen eingeräumt, und zwar in zweifacher Hinsicht:

- Die Behörde hat **Entschließungsermessen**, d.h. sie kann entscheiden, **ob** sie von der gesetzlich eingeräumten Befugnis überhaupt Gebrauch macht.

- Außerdem hat die Behörde **Auswahlermessen**, d.h. sie hat die Wahl, **mit welchen Mitteln** sie die Gefahr/Störung beseitigt. Das Auswahlermessen bezieht sich dabei sowohl auf das einzusetzende *Mittel* als auch auf die in Anspruch zu nehmende *Person*.

B. Schutzgüter der Generalklauseln

Die polizei- und ordnungsrechtlichen Generalklauseln haben in manchen Bundesländern unterschiedliche Schutzgüter. Während z.B. § 14 I OBG NW immer schon als Schutzgüter die *öffentliche Sicherheit oder Ordnung* normierte, ist der Schutz der *öffentlichen Ordnung* in § 8 I PolG NW erst seit einer Gesetzesänderung im Jahre 2010 wieder polizeiliche Aufgabe. Einzelne Bundesländer verzichten weiterhin auf den aus Sicht von Kritikern *unbestimmten* Begriff der *öffentlichen Ordnung* im Rahmen ihrer Polizeigesetze.

I. Subsidiarität des Privatrechts

Der Schutz privater Rechte obliegt in erster Linie den ordentlichen Gerichten und den diesen zugehörigen Vollstreckungsorganen.

Beispiel 8: Eigentumsverletzungen im Nachbarrechtsverhältnis; Streitigkeiten im Mietverhältnis, etwa durch ständiges Klavierspielen.

Wenn der Bürger rechtzeitig Schutz durch ein zivilgerichtliches Verfahren (i. d. R. durch ein Eilverfahren) erreichen kann, besteht keine Eingriffsbefugnis der Polizei- und Ordnungsbehörde. Dies folgt aus dem rechtsstaatlichen Grundsatz der Gewaltenteilung und ist meist landesgesetzlich geregelt. Es handelt sich hierbei um eine Zuständigkeitsregelung für die Ordnungsbehörde und Polizei. Soweit dies nicht ausdrücklich oder lückenhaft normiert ist, greift ergänzend Art. 20 III GG ein.

Nur ausnahmsweise ist in *Härtefällen* eine Durchbrechung des Prinzips der Gewaltenteilung zulässig, um für den Einzelnen untragbare Ergebnisse zu vermeiden. Dementsprechend ist die Verwaltung, insbesondere die Polizei, für den Schutz privater Rechte zuständig, wenn

- ein *Antrag* des Rechtsinhabers an die Behörde vorliegt;
- rechtzeitiger gerichtlicher Schutz *unmöglich* ist. Diese Voraussetzung ist vor allem nachts und an den Wochenenden erfüllt, wobei vielerorts ein gerichtlicher Eildienst eingerichtet ist;
- der Anspruch hinreichend *glaubhaft* gemacht ist;
- ohne behördliches Einschreiten die *Gefahr der Vereitelung oder wesentlichen Erschwerung* der Verwirklichung des privaten Rechts bestünde. Dieses Tatbestandsmerkmal ist bereits erfüllt, wenn eine Klage mangels Kenntnis des Klagegegners oder seiner Anschrift nicht erhoben oder zugestellt werden könnte.

Beispiel 9: Im dichten Gedränge eines Straßenfestes wird der Mantel des A mit Speiseeis eines hinter ihm stehenden, ihm unbekannten Besuchers B beschmutzt. A bittet B höflich um Erstattung der für die Reinigung des Mantels entstehenden Kosten. B sieht dies überhaupt nicht ein; A solle sich wegen des kleinen Flecks nichts so anstellen. B will sich offensichtlich entfernen. Um zu verhindern, dass B „ungeschoren davonkommt“, ruft A einen zufällig anwesenden Polizisten P herbei, teilt glaubhaft den Vorfall mit und bittet diesen um Hilfe, um Namen und Anschrift des B festzustellen. Ist P hierzu befugt?

Lösung: Bei der Geltendmachung des durch die Beschmutzung des Mantels entstandenen Schadens handelt es sich um einen privatrechtlichen Anspruch. Grundsätzlich müsste A diesen Anspruch gegen B im Wege des zivilgerichtlichen Verfahrens durchsetzen, es sei denn, es handelt sich um einen Härtefall. Ohne die Feststellung der Identität des B wäre es A nicht möglich, den ihm entstandenen Schaden von B ersetzt zu verlangen. A hat P ausdrücklich um dessen Hilfe gebeten und diesem gegenüber den Anspruch gegen B auch hinreichend glaubhaft gemacht. Es handelt sich somit um einen Härtefall, der P zur Identitätsfeststellung berechtigt.

II. Öffentliche Sicherheit

Das Schutzgut *öffentliche Sicherheit* umfasst vier Kategorien:

→ auch Verordnungen

- den Bestand des Staates und seiner Einrichtungen;
- die Unverletzlichkeit der objektiven Rechtsordnung;
- die subjektiven Rechte und Rechtsgüter des Einzelnen;
- den Schutz kollektiver Rechtsgüter.

1. Der Bestand des Staates und seiner Einrichtungen

Dem Schutz des Staates und seiner Einrichtungen sind unterstellt:

- alle Rechtssubjekte des öffentlichen Rechts (Bund, Länder und Gemeinden);
- ihre Einrichtungen und Organe (Regierungen, Parlamente, Gerichte, Gemeinderäte);
- die ihnen zugeordneten Einrichtungen (Museen, Theater, Dienstgebäude, Kasernen) und
- die von diesen Rechtsträgern abgehaltenen Veranstaltungen (Paraden, Manöver, Staatsbesuche).

Der Schutz richtet sich insbesondere gegen äußere Störungen.

Beispiel 10: Gewalt gegen Personen und Sachen, Blockaden.

Beispiel 11: Der in der Gemeinde G lebende A ist erbost über die immer weiter zunehmenden Radarkontrollen der zuständigen Polizeidirektion. Da er dieses Verhalten für „schikanös" und eine „finanzielle Ausbeutung der Bürger" hält, entschließt er sich, an den Kontrollstellen der Polizei Warnschilder mit der Aufschrift „Vorsicht Radarkontrolle! Stoppt die Ausbeutung!" aufzustellen. Nachdem A auf diese Weise bereits seit Wochen vor Radarkontrollen gewarnt hat, erfährt die Polizei von diesem Vorgehen und untersagt dem A durch schriftliche Verfügung weitere Warnungen und stützt diese Untersagung auf die Generalklausel. Die Verfügung wird wie folgt begründet: Unangekündigte Verkehrskontrollen sind erforderlich für die Gewährleistung der Verkehrssicherheit. Durch die Warnhinweise des A würden diese Bemühungen der Polizei letztendlich unmöglich gemacht, so dass eine Gefahr für die öffentliche Sicherheit vorliege. Ist dies der Fall?

Lösung: Nur wenn die Warnhinweise des A die öffentliche Sicherheit gefährden, kann gegen ihn ein Verbot ausgesprochen werden. Zu den Schutzgütern der öffentlichen Sicherheit gehören staatliche Einrichtungen. Dazu zählen auch Radarfallen, deren Funktionsfähigkeit durch die Radarwarnungen beeinträchtigt werden könnte. Die Radarfalle dient der Verkehrserziehung und hat nicht den Zweck, dass nur im Bereich der Kontrollstelle die Geschwindigkeit eingehalten wird. Fahrer, die in die „Radarfalle" tappen, sollen angehalten werden, sich künftig nach der zulässigen Höchstgeschwindigkeit zu richten. Durch die Warnungen des A kann die Polizei dieser erzieherischen Aufgabe nicht mehr gerecht werden. A beeinträchtigt daher die Funktionsfähigkeit der Radarfallen. Es liegt eine Gefahr für die öffentliche Sicherheit vor.

Klausurtipp: Das Schutzgut „Bestand des Staates und seiner Einrichtungen" ist relativ bedeutungslos, da umfassende spezialgesetzliche Regelungen (z.B. VersG; BannmeilenG; §§ 81 ff. StGB) existieren. Rechtlich relevante Gefahren werden als solche bereits unter dem Aspekt der „objektiven Rechtsordnung" erfasst.

2. Die Unverletzlichkeit der objektiven Rechtsordnung

Zu den Schutzgütern der öffentlichen Sicherheit gehört ferner die objektive Rechtsordnung. Gemeint sind die Normen des Öffentlichen Rechts (Gesetze, Verordnungen und Satzungen).

a) Ausdrückliche Verbotsnormen

Erfasst sind Rechtsvorschriften, die dem Bürger im Verhältnis zum Staat unmittelbar Rechte und Pflichten auferlegen.

Beispiel 12: Ladenschlussgesetz; WHG; StVO.

b) Straf- und Ordnungswidrigkeitenrecht

Besonders das Straf- und Ordnungswidrigkeitenrecht enthält mit seinen Tatbeständen Voraussetzungen, wonach regelmäßig eine Verletzung der Rechtsordnung vorliegt. Die Verhinderung bzw. Beendigung der Verwirklichung dieser Straftatbestände gehört damit als *vorbeugender Rechtsgüterschutz* ebenfalls mit zur Aufgabe der Abwehr von Gefahren für die öffentliche Sicherheit.

Zu beachten ist, dass hierbei nur der *objektive Tatbestand* dieser Normen verwirklicht sein muss; insbesondere ein schuldhaftes Verhalten ist nicht erforderlich.

c) Grundrechte

Auch die Grundrechte stellen als besonders hochrangige Rechtsvorschriften einen Bestandteil der öffentlichen Sicherheit dar. In der klassischen Funktion als Abwehrrechte gegen Eingriffe in Freiheit und Eigentum sind sie staatsgerichtet und können deshalb von einem Bürger als Störer nicht verletzt werden. Grundrechte kommen als Schutzgüter der öffentlichen Sicherheit daher nur in Betracht, wenn sie dem Störer Pflichten auferlegen. Dies ist denkbar, wenn

- Grundrechte über Generalklauseln des Zivilrechts eine *mittelbare Drittwirkung* entfalten oder

- Grundrechte *staatliche Schutzpflichten* begründen mit dem Inhalt, dass die Gefahrenabwehrbehörden Angriffen des Staates gegen besonders empfindsame Grundrechtspositionen des Gestörten mit hoheitlichen Mitteln entgegentreten müssen.

d) Subsidiarität des Privatrechts

Wie bereits dargelegt, unterliegen *Normen des Privatrechts* dem *Subsidiaritätsgrundsatz.* Ihre Inhalte sind bereits vom Individualgüterschutz umfasst.

3. Die subjektiven Rechte und Rechtsgüter des Einzelnen

Schutzgüter der öffentlichen Sicherheit sind alle Individualgüter wie Leben, Körper, Gesundheit, Freiheit, Eigentum, Besitz und Vermögen.

a) Subsidiaritätsprinzip

Diese privaten Rechte sind jedoch subsidiär und werden in erster Linie vom zivilgerichtlichen Schutz erfasst.

b) Begrenzung der Subsidiarität (Problem: Selbstgefährdung)

Eine *Begrenzung des Subsidiaritätsprinzips* ist allerdings dann erforderlich, wenn durch die Beeinträchtigung des Schutzguts zugleich die Allgemeinheit betroffen ist, also ein *Öffentlichkeitsbezug* besteht.

Für die Klausur sind in diesem Zusammenhang die Fälle der *Selbstgefährdung* von Bedeutung. Der Öffentlichkeitsbezug setzt die Gefährdung der Individualgüter eines *anderen* voraus. Bei einer *reinen Selbstgefährdung* ist problematisch, inwieweit die öffentliche Sicherheit betroffen ist. Es geht um das Spannungsverhältnis zwischen

- dem durch Art. 2 I GG geschützten *Selbstbestimmungsrecht des Einzelnen* und

- der grundrechtlich verankerten, *objektiven Schutzpflicht des Staates*, die Gefährdung besonders bedeutsamer Grundrechtspositionen durch ihn selbst abzuwenden.

Dem eventuellen Vorrang der staatlichen Schutzpflicht ist durch *verfassungskonforme Auslegung* Rechnung zu tragen. Im Ergebnis wird nach einhelliger Auffassung bei Selbstgefährdungen eines Bürgers, die Dritte nicht mitgefährden und im Zustand *freier Willensentschließung* erfolgen, ein Vorrang des Selbstbestimmungsrechts angenommen. Selbstgefährdungen des Bürgers begründen grundsätzlich <u>*keine*</u> Gefahr für die öffentliche Sicherheit.

Beispiel 13: Extremsportler E liebt den Nervenkitzel. Nachdem er zuletzt Bungee-Sprünge von den höchsten Gebäuden der Welt unternommen hatte, reizt ihn nunmehr das Bergsteigen in einer besonderen Form: mit einer Gruppe Gleichgesinnter beabsichtigt E besonders schwierige Klettertouren vorzunehmen, ohne dabei in irgendeiner Form gesichert zu sein. Die Eltern des E sind entsetzt über diese neueste Freizeitgestaltung des E und versuchen ihn davon abzuhalten. E erwidert, dass er wisse was er tue – schließlich sei er ein erfahrener Bergsteiger. Um ihn vor Schäden für Leib und Leben zu bewahren, wenden sich die Eltern verzweifelt an die zuständige Gefahrenabwehrbehörde. Kann diese E das extreme Klettern untersagen?

Lösung: E setzt sich bewusst selbst einer Gefahr aus. Gemäß Art. 2 I GG ist er aufgrund der allgemeinen Handlungsfreiheit darin frei, durch das Betreiben extremer Sportarten Gefährdungen seiner eigenen Rechtsgüter vorzunehmen. E greift nicht in die Rechte und Rechtsgüter Dritter ein, auch ist nicht erkennbar, dass seine Entscheidung nicht von freiem Willen getragen ist. Die Gefahrenabwehrbehörde ist daher nicht befugt, das gefährliche Hobby des E zu unterbinden.

Ein Eingreifen der Gefahrenabwehrbehörden ist hingegen auch gegen den Willen des Betroffenen geboten, wenn der Einzelne die Folgen seines Tuns nicht zu erkennen vermag. Entsprechend der staatlichen Verpflichtung, das menschliche Leben zu schützen (Art. 2 II GG), sieht es die *h.M.* in diesem Zusammenhang als Aufgabe der polizeilichen Gefahrenabwehr an, eine *Selbsttötung* zu unterbinden. Auch bei *nicht gewollter Obdachlosigkeit* setzen sich die Schutzpflichten für Leben und körperliche Unversehrtheit als Ausdruck der objektiven Wertordnung auch gegen den Willen des Betroffenen durch, so dass die *öffentliche Sicherheit* betroffen ist.

4. Der Schutz kollektiver Rechtsgüter

Wenn Individualrechtsgüter zu einem Grundrechtsgut zusammengefasst werden können, entstehen *sog. kollektive Rechtsgüter.*

Beispiel 14: Volksgesundheit, öffentliche Wasserversorgung.

Zur Ermittlung eines kollektiven Rechtsguts ist auf das einschlägige Fachgesetz zurückzugreifen.

Beispiel 15: Aus dem § 6 WHG lässt sich die öffentliche Wasserversorgung als kollektives Rechtsgut ableiten.

Klausurtipp: Für die Klausur sind kollektive Rechtsgüter von eher untergeordneter Bedeutung, da zumeist als Schutzgut die objektive Rechtsordnung vorrangig eingreift. Auf kollektive Rechtsgüter ist dann zurückzugreifen, wenn ein gefährliches Verhalten durch die Verbotsvorschriften nicht abgedeckt ist.

III. Öffentliche Ordnung

Die *öffentliche Ordnung* ist betroffen, wenn das Verhalten des Störers mit den ungeschriebenen *Wertvorstellungen* der Bevölkerungsmehrheit unvereinbar ist. Die öffentliche Ordnung umfasst im Einzelnen alle

- ungeschriebenen Ordnungsvorstellungen,
- deren Befolgung nach den jeweils herrschenden sozialen und ethischen Anschauungen
- eine unerlässliche Voraussetzung für ein gedeihliches Zusammenleben innerhalb eines bestimmten Gebietes ist.

1. Ungeschriebene Ordnungsvorstellungen der Mehrheit

Es muss sich um ungeschriebene Ordnungsvorstellungen handeln, die sich bei der *ganz überwiegenden Mehrheit der Bevölkerung* durchgesetzt haben. Unter Wertvorstellungen sind *Sozialnormen* und *Verhaltensregeln* zu verstehen, die bestimmte gesellschaftliche Erwartungen und Verhaltensmuster zum Ausdruck bringen.

Merksatz: Beim Begriff der öffentlichen Ordnung geht es vornehmlich um Wertvorstellungen der Allgemeinheit über Sitte und Moral.

Beispiel 16: *vgl. OVG NW, NJW 1997, 1180:* Die *Rspr.* nimmt eine Verletzung der öffentlichen Ordnung an, wenn eine unbekleidete Person tagsüber durch eine stark besuchte Fußgängerzone läuft. Zur Begründung wird ausgeführt, dass durch die Nacktheit das Schamgefühl der Allgemeinheit in besonderer Weise beeinträchtigt werde. Der Einzelne sehe sich an Orten, an denen nicht mit Nacktdarstellungen zu rechnen sei, einer unfreiwilligen Konfrontation mit nackten Körpern ausgesetzt.

Zu berücksichtigen ist, dass diese Wertvorstellungen dem Wandel der Zeit unterliegen und an sittliche Moralvorstellungen gebunden sind, d.h. sich nicht statisch festlegen lassen.

Beispiel 17: Während das „Oben-ohne-Baden" - etwa am Strand - früher als unsittlich und damit als Widerspruch zur öffentlichen Ordnung bewertet wurde, dürfte dies nach der herrschenden gesellschaftlichen Anschauung heute nicht mehr der Fall sein. Auch das Aufstellen eines Kondomautomaten, z.B. auf der Toilette einer Gaststätte, wird heute nicht mehr als sittlich anstößig empfunden.

Der Rechtsbegriff der *öffentlichen Ordnung* stellt auf *ungeschriebene Wertvorstellungen* ab. Geschriebene Regeln fallen bereits unter den Begriff der objektiven Rechtsordnung und damit unter die öffentliche Sicherheit.

2. Herrschende Anschauungen in einem bestimmten Gebiet

Abgesehen von den zeitlichen Veränderungen, denen Wertvorstellungen unterworfen sind, können sich diese auch von Ort zu Ort unterscheiden. Was etwa in ländlichen Regionen als unsittlich und unmoralisch gilt, wird in einer Großstadt u.U. akzeptiert. Wertvorstellungen können daher unter Umständen auch in räumlicher Hinsicht unterschiedlich beurteilt werden. Dabei müssen sich die Wertvorstellungen in der ganz überwiegenden Mehrheit der Bevölkerung durchgesetzt haben.

3. Unerlässlicher Mindestbestand

Es muss sich bei den ungeschriebenen Verhaltensregeln um *Mindestanforderungen* handeln, deren Befolgung nach der herrschenden Anschauung als unerlässliche Voraussetzung eines gedeihlichen Zusammenlebens angesehen wird. Sobald das Verhalten als lästig angesehen, aber noch toleriert wird, fehlt es an dieser Voraussetzung.

4. Problem: Kritik am Schutzgut der öffentlichen Ordnung

Es wird die Auffassung vertreten, der Rechtsbegriff der öffentlichen Ordnung sei überholt und damit überflüssig.

a) Grundlage der Kritik

Die Kritik an der Heranziehung des Rechtsbegriffs der öffentlichen Ordnung richtet sich zunächst gegen dessen mangelnde *Bestimmtheit* (Art. 103 Abs. 2 GG) und Wandelbarkeit. Zudem sei er wegen seines Bezuges auf ungeschriebene Sozialvorstellungen verfassungswidrig; eine Berufung auf *außerrechtliche Normen* passe nicht zum Grundgesetz. Schließlich sei der Begriff für das Gefahrenabwehrrecht angesichts der umfangreichen Spezialgesetzgebung verzichtbar.

b) Unverzichtbarkeit des Rechtsbegriffs (h.M.)

Trotz dieser Kritik hält die *h.M.* weiterhin am Begriff der öffentlichen Ordnung fest. Ihm komme in Fallgruppen, die bisher vom Gesetzgeber nicht geregelt wurden, eine *Reservefunktion* zu. Der Begriff sei für eine effektive Gefahrenabwehr unverzichtbar, damit Behörden in Bereichen, die der Gesetzgeber angesichts der Vielfalt neuer Sachverhaltskonstellationen nicht zu erfassen vermag, nicht von vornherein ihre Eingriffsmöglichkeiten verlieren. Nur so könne man neuartigen Gefährdungen effektiv entgegentreten, ohne erst den Gesetzgeber zu bemühen.

c) Konsequenz der Kritik: Restriktiver Umgang mit der öffentlichen Ordnung

Angesichts der Kritik am Rechtsbegriff der öffentlichen Ordnung besteht heute das Bedürfnis, möglichst alle Störungen über den Begriff der öffentlichen *Sicherheit* zu erfassen.

Beispiel 18: Schutz vor Lärm sowie der Sicherheit und Leichtigkeit des Straßenverkehrs (BImSchG; StVO); Unterbindung der Selbsttötung; Verhinderung der Obdachlosigkeit.

Beispiel 19 (abschließender Fall zum Begriff der öffentlichen Ordnung): *Fall nach OVG Koblenz NVwZ-RR 1995, 30 – „Quasar“:* Seit einiger Zeit veranstaltet A gewerblich das Spiel „Quasar“. Dabei geht es darum, mit einer Laserpistole möglichst viele Treffer auf Spieler der gegnerischen Mannschaft zu erzielen. Das Spiel wird in einer eigens zu diesem Zweck hergerichteten alten Fabrikhalle veranstaltet. A preist es in einem Werbeprospekt als besonderen Reiz von „Quasar“ an, dass bei einem Kampf „Mann gegen Mann“ auf engem Raum durch erfolgreichen Schuss mit der Laserpistole möglichst viele Gegenspieler „ausgelöscht“ würden. Als die Ordnungsbehörde von der Veranstaltung „Quasar“ erfährt, verbietet sie diese durch schriftliche Ordnungsverfügung. Zur Begründung dieser Maßnahme führt die Ordnungsbehörde aus, dass die simulierte Tötung von Menschen gegen die Wertvorstellung der überwiegenden Mehrheit der Bevölkerung und damit gegen die öffentliche Ordnung verstoße. Trifft dies zu?

Lösung: Als elementare Wertvorstellungen, gegen die das Spiel „Quasar „verstoßen könnte, kommen insbesondere der Schutz der Menschenwürde und das Recht auf Leben und körperliche Unversehrtheit in Betracht – Werte, die in Art. 1 I 2 und 2 II 1 GG verankert sind. „Quasar" könnte diesen Werten insofern entgegenstehen, als es bei dem Spiel um die simulierte Tötung von Menschen zum Zwecke der Unterhaltung geht. Hiergegen spricht, dass die Teilnehmer selbst das Spiel nicht für verwerflich halten und andere Personen keine Kenntnis von dem Spiel haben, da dieses in einer alten Fabrikhalle, d.h. in einem von der Öffentlichkeit abgeschirmten Raum stattfindet.

Trotz dieses Einwands hat das OVG Koblenz die Beeinträchtigung der öffentlichen Ordnung bejaht. Entscheidend sei, dass durch die simulierte Ausübung von Gewalt bei „Quasar" als Mittel der Freizeitgestaltung die reale Welt verharmlost und gesellschaftsfähig gemacht werde. Zwar finde „Quasar" in einer geschlossenen Halle statt, doch habe die Öffentlichkeit durch die von A betriebene Werbung trotzdem Kenntnis hiervon. Das Spiel sei geeignet, die allgemeine Hemmschwelle abzubauen und die zu beobachtende Entwicklung eines Abstumpfens gegenüber Tötungshandlungen weiter zu fördern. Die Kombination von nachempfundenen Tötungshandlungen und bezweckter Unterhaltung widerspreche dem durch Schutz der Menschenwürde und dem Schutz des menschlichen Lebens geprägten Wertesystem der Gesellschaft. Daher verstößt die Veranstaltung von „Quasar" nach diesem Urteil gegen die Wertvorstellungen der überwiegenden Mehrheit der Bevölkerung und damit gegen die öffentliche Ordnung. Bezüglich des *Paintball-Spiels* hat demgegenüber der VGH Bayern (27.11.2012 - Az 15 BV 09.2719) entschieden, dass dieses Spiel grundsätzlich nicht gegen die Menschenwürde verstößt.

Beispiel 20: Weitere Fallgruppen für einen Verstoß gegen die öffentliche Ordnung: die Verbreitung nationalsozialistischen Gedankenguts in öffentlichen Versammlungen und Aufzügen ist polizeilich verboten worden (OVG Münster, NJW 2001, 2111, 2113, 2114). Zwar hat das BVerfG entsprechende Verbote aufgehoben, beschränkende Auflagen aber unter demselben rechtlichen Gesichtspunkt zugelassen. „Damen-Schlamm-Catch-Oben-Ohne" (BayVGH NVwZ 84, 254); Veranstalten von „Peep-Shows" (BVerwGE 64, 274; BVerwG, NVwZ 1987, 411; 1190, 668).

▸ Literatur

🕮 Standardfälle Polizei- und Ordnungsrecht

🕮 *Waechter:* Die Schutzgüter des Polizeirechts, NVwZ 1997, 729;

🕮 *G. Erbel:* Öffentliche Sicherheit und Ordnung, DVBL. 2001, 1714;

🕮 *H. Hill:* Abschied von der öffentl. Ordnung im PoR, DVBL. 1985, 88;

🕮 *R. Störmer:* Renaissance d. öffentl. Ordnung?, Verwaltung 1997, 233;

🕮 *F. Fechner:* Zur „öffentlichen Ordnung", JuS 2003, 734.

C. Die polizei- und ordnungsrechtliche Gefahr

Die Generalklauseln zur Gefahrenabwehr fordern eine im Einzelfall bestehende Gefahr für die öffentliche Sicherheit oder Ordnung. Der Gefahrbegriff ist der *zentrale Begriff* des Polizei- und Ordnungsrechts.

I. Gefahrbegriff

Gefahr ist eine Sachlage, die in absehbarer Zeit mit hinreichender Wahrscheinlichkeit zu einem Schaden für die öffentliche Sicherheit und Ordnung führen würde. Dabei setzt der Gefahrenbegriff zweierlei voraus, nämlich

- einen Schaden und
- die Wahrscheinlichkeit seines Eintritts.

In beiden Fällen wird von der Behörde ein Werturteil verlangt.

1. Schadensbegriff

Ein *Schaden* im Sinne des Polizei- und Ordnungsrechts ist die objektive Minderung des vorhandenen Bestandes an den durch die Generalklausel geschützten Gütern.

Beispiel 21: Tierhalterin T geht mit ihrem Hund Hasso im Kurpark der Gemeinde G spazieren. Als T sich für eine kurze Verschnaufpause auf einer Parkbank ausruht und die Leine lockerlässt, nutzt Hasso die Gelegenheit, um sich loszureißen. Hasso, der in der Vergangenheit schon mehrfach Passanten gebissen hat, streunt nun unbeaufsichtigt im Gemeindegebiet umher. Eine Passantin entdeckt den unbeaufsichtigten Hund und alarmiert sofort die Polizei. Darauf hin greifen zwei Polizeibeamte Hasso auf und bringen ihn zunächst in ein Tierheim, da er weder Namen noch Anschrift seiner Halterin T bei sich trägt. Als T davon erfährt und auch noch die Kosten für Hassos Unterbringung im Tierheim übernehmen soll, ist sie erbost. Das Aufgreifen des Hundes und die anschließende Unterbringung sei in keinem Fall gerechtfertigt. Hasso reagiere nur dann aggressiv, wenn er angegriffen werde. Er habe außerdem in vielen anderen Situationen immer sofort den Weg nach Hause gesucht und auch gefunden. Lag durch das Herumstreunen des Hundes eine Gefahr für die öffentliche Sicherheit oder Ordnung vor?

Lösung: Eine Gefahr wäre dann anzunehmen, wenn durch das Herumstreunen des Hundes in absehbarer Zeit mit an Sicherheit grenzender Wahrscheinlichkeit ein Schaden für die öffentliche Sicherheit oder Ordnung eintreten würde. Es war jederzeit damit zu rechnen, dass Hasso Passanten angreift oder plötzlich auf die Fahrbahn läuft und einen Verkehrsunfall verursacht. Ausgehend von der Faktenlage aus der Vergangenheit konnte nach der Lebenserfahrung mit an Sicherheit grenzender Wahrscheinlichkeit damit gerechnet werden, dass durch das Herumstreunen des Hundes Leib und Leben anderer gefährdet sein konnten. Es lag somit eine Gefahr für die öffentliche Sicherheit vor *(vgl. auch HessVGH DVBL 1995, 370).*

Entscheidend ist die *Intensität der Beeinträchtigung.* Kein Schaden ist bei bloßen Nachteilen, Belästigungen oder Unbequemlichkeiten anzunehmen. Von einer *Belästigung* spricht man, wenn das Verhalten, das von einem Dritten oder der Allgemeinheit ausgeht, zwar abträglich sein kann, dadurch aber Rechte oder die objektive Rechtsordnung nicht verletzt werden. Abzustellen ist bei der Abwägung auf die Sicht eines normalen, objektiven Durchschnittsmenschen.

Beispiel 22: Die E kauft seit Jahren jeden Morgen ihre Brötchen in derselben Bäckerei in der Fußgängerzone der Gemeinde G. Seit zwei Tagen hält sich vor dem Schaufenster des an die Bäckerei angrenzenden Bekleidungsgeschäfts der Obdachlose O auf. Dieser sitzt dort mit einem Schild mit der Aufschrift „Ich bin taubstumm und bitte um eine kleine Spende." O ist in der Vergangenheit noch nie negativ aufgefallen. Es ist bekannt, dass er ständig unterwegs ist und sich stets nur für kurze Zeit an einem Ort aufhält. Dennoch fühlt E sich auf ihrem morgendlichen Weg zur Bäckerei durch seine Anwesenheit beeinträchtigt und bittet die zuständige Ordnungsbehörde darum, den Obdachlosen aufzufordern, seinen Standort zu verlassen. Ist in der Anwesenheit des Obdachlosen eine Gefahr zu sehen? Hinweis: Dass eines der Schutzgüter – öffentliche Sicherheit oder Ordnung - betroffen ist, ist zu unterstellen.

Lösung: Eine Gefahr wäre dann anzunehmen, wenn durch die Anwesenheit des Obdachlosen in absehbarer Zeit mit an Sicherheit grenzender Wahrscheinlichkeit ein Schaden für die öffentliche Sicherheit oder Ordnung eintreten würde. Problematisch ist in diesem Zusammenhang, dass es sich hierbei lediglich um eine *unerhebliche Belästigung* handelt, die nicht vom Schadensbegriff erfasst ist. Zwar mag die Anwesenheit des O für die E unangenehm und lästig sein, doch dürfte diese Beeinträchtigung aus der Sicht eines normalen, objektiven Durchschnittsmenschen noch unterhalb der Erheblichkeitsgrenze liegen. Bei der vorzunehmenden Abgrenzung ist vor allem entscheidend, dass O sich friedlich verhält, d.h. bloß „da sitzt" und in der Vergangenheit noch nie negativ aufgefallen ist.

Hinzu kommt, dass er sich erst seit zwei Tagen an seinem neuen Standort aufhält, und aufgrund seines Verhaltens in der Vergangenheit zu erwarten ist, dass er diesen alsbald wieder verlassen wird. Insgesamt ist daher davon auszugehen, dass E durch die Anwesenheit des E lediglich belästigt wird und damit die Voraussetzungen für eine Gefahr nicht vorliegen.

Ist die Gefahr bereits verwirklicht, spricht man von einer *Störung.* Zwar kann in diesem Fall der Eintritt eines Schadens nicht mehr verhindert werden; die Beseitigung der Störung gehört dennoch zur Gefahrenabwehr, wenn von der eingetretenen Sachlage eine in die Zukunft wirkende Gefährdung ausgeht. Es handelt sich um eine *besonders dringliche Form der Gefahrenabwehr.*

Beispiel 23: Wieder geht es um einen entlaufenen, bissigen Hund: Der Bullterrier des Hundeshalters O konnte durch die geöffnete Terrassentür dessen Wohnung verlassen und läuft nunmehr in der Stadt umher. In der Vergangenheit ist der Hund bereits mehrfach entwichen und hat mehrere Passanten gebissen; bei seinem letzten Herumstreunen hat er einer älteren Dame durch mehrere Bisse erhebliche Verletzungen zugefügt. Diese Vorgänge sind bei der Polizei- und Ordnungsbehörde der Gemeinde G bekannt. Auch ist dort - aufgrund von Aussagen der Nachbarn - bekannt, dass O sich nicht an den ihm auferlegten Maulkorbzwang hält und den Hund gezielt „scharf" macht. Einige Zeit nach dem Entweichen des Bullterriers erhält die zuständige Polizeibehörde den Anruf eines Passanten, sofort in den Stadtpark zu eilen; ein Bullterrier greife dort gerade einen Jugendlichen an. Als zwei Polizisten vor Ort eintreffen, finden sie den Jugendlichen vor, der an Armen und Beinen stark blutet. Der Hund hat inzwischen von ihm abgelassen und läuft orientierungslos umher. Bei dem Versuch eines Polizisten, sich dem Bullterrier vorsichtig gemeinsam mit einem Tierarzt zu nähern, um diesen zu betäuben, dreht der Hund durch und geht auf den Tierarzt los. Der Polizist hat keine andere Wahl, als den Hund durch einen Schuss zu töten. Lag eine Gefahr vor, die den Polizisten zu dieser Maßnahme berechtigte?

Lösung: Eine Gefahr wäre dann anzunehmen, wenn durch das Herumstreunen des Hundes in absehbarer Zeit mit an Sicherheit grenzender Wahrscheinlichkeit ein Schaden für die öffentliche Sicherheit oder Ordnung eintreten würde. Von einer Störung spricht man, die Gefahr bereits verwirklicht ist und ein Schaden nicht mehr abgewehrt werden kann. Der Bullterrier hat nach seinem Entweichen einen Jugendlichen durch Bisse verletzt, so dass die körperliche Unversehrtheit eines anderen bereits beeinträchtigt ist und damit eine Störung vorliegt. Diese verwirklichte Gefahr erfordert entsprechende Maßnahmen zur Gefahrenabwehr, wenn von ihr eine für die Zukunft wirkende Gefährdung ausgeht. Da der Bullterrier nach wie vor umherirrte, war zu befürchten, dass Leib und Leben weiterer Passanten gefährdet sein könnten. Die Polizei war daher gezwungen, umgehend entsprechende Maßnahmen zu ergreifen. Es lag eine Störung als besonders dringliche Form der Gefahrenabwehr vor. Zur Vollständigkeit wird darauf hingewiesen, dass das Erschießen des Hundes auch als verhältnismäßig zu bewerten ist. Das von den Polizisten als milderes Mittel gewählte Betäuben des Hundes ließ sich in der konkreten Situation nicht realisieren. Da der Hund einen der Polizisten angriff und zu verletzen bzw. zu töten drohte, verblieb diesem als Handlungsalternative lediglich das Erschießen des Hundes.

2. Hinreichende Wahrscheinlichkeit des Schadenseintritts

Der Eintritt eines Schadens muss *wahrscheinlich* sein. Gemeint ist, dass der Schadenseintritt weder gewiss sein muss noch unmittelbar bevorzustehen braucht.

a) Hinreichende Wahrscheinlichkeit

Die Wahrscheinlichkeit, dass ein Schaden eintritt, muss *hinreichend* sein. Nach der überwiegenden Auffassung werden hohe Anforderungen an die Wahrscheinlichkeitseinschätzung gestellt. Eine hinreichende Wahrscheinlichkeit wird danach dann angenommen, wenn der Schadenseintritt nach der Lebenserfahrung zu erwarten bzw. nicht nur entfernt möglich ist. Dabei ist die Wertigkeit des bedrohten Schutzgutes von Bedeutung für den Wahrscheinlichkeitsgrad. In der Klausur kann zur Ermittlung der Wahrscheinlichkeit eines Schadens die sog. „Je-desto-Formel" herangezogen werden. Diese besagt folgendes:

Je *größer* der zu erwartende Schaden und je *ranghöher* das betroffene Schutzgut sind, desto geringere Anforderungen sind an die Wahrscheinlichkeit des Schadenseintritts und an seine zeitliche Nähe zu stellen.

Soweit es um den Schutz hochwertiger Rechtsgüter, etwa aus Art. 2 II GG, geht, kann auch schon die entfernte Möglichkeit eines Schadens für die Begründung einer Gefahr ausreichen.

Merksatz: Gefahrenabwehr ist umso dringlicher, je mehr auf dem Spiel steht.

Beispiel 24: Die Fertigungshalle des Autoreifenherstellers A ist in Brand geraten. Das Feuer breitet sich in Windeseile aus und es besteht eine erhebliche Explosionsgefahr. Zudem treten giftige Dämpfe aus, die die Gesundheit der Mitarbeiter und Anwohner beeinträchtigen können. Die zuständige Gefahrenabwehrbehörde beschließt daher, das gesamte Fabrikgelände und die angrenzende Wohnsiedlung umgehend räumen zu lassen. Eine Vielzahl von Personen musste mit Atemnot in umliegende Krankenhäuser gebracht werden; eine ältere Person ist zwischenzeitlich verstorben. Über Radio und Fernsehen wird daher dringend auch für die Wohngebiete am Stadtrand empfohlen, Fenster und Türen zu schließen. Eine für den Nachmittag geplante Wahlkampfveranstaltung zur bevorstehenden Kommunalwahl, die in etwa 1,5 km Entfernung von der Fabrik stattfinden soll, wird untersagt. Der Spitzenkandidat der P-Partei ist darüber empört. Die Untersagung der Veranstaltung greife in starkem Maße in seine Rechte ein. Schließlich stehe die Kommunalwahl unmittelbar vor der Tür. Außerdem bestehe aufgrund der Entfernung zur in Brand geratenen Fabrikhalle überhaupt keine Gefahr mehr. Im Übrigen solle man es doch den Bürgern selbst überlassen, ob sie teilnehmen wollen oder nicht. Bestand tatsächlich eine Gefahrenlage, die die Untersagung der Wahlkampfveranstaltung rechtfertigt?

Lösung: Eine Gefahr wäre dann anzunehmen, wenn durch die Wahlkampfveranstaltung in absehbarer Zeit mit an Sicherheit grenzender Wahrscheinlichkeit ein Schaden für die öffentliche Sicherheit oder Ordnung eintreten würde. Von dem Brand der Fertigungshalle gehen durch die frei werdenden Dämpfe und die Explosionsgefahr erhebliche Gesundheitsbeeinträchtigungen für die Menschen aus. Da bereits eine Vielzahl von Personen mit Atemnot in die umliegenden Krankenhäuser gebracht werden musste und sogar eine Person verstorben ist, hat sich die Gefahr bereits verwirklicht, d.h. es liegt eine Störung vor. Seitens der Gefahrenabwehrbehörde besteht daher ein besonders dringender Handlungsbedarf. Bei der Beurteilung der von ihr getroffenen Maßnahmen, ist auch die sog. „Je-desto-Formel" heranzuziehen: Je größer der zu erwartende Schaden und je ranghöher das betroffene Schutzgut sind, desto geringere Anforderungen sind an die Wahrscheinlichkeit des Schadenseintritts und an seine zeitliche Nähe zu stellen. Da durch den Brand Leib und Leben vieler Menschen betroffen sind, stehen besonders bedeutsame Schutzgüter auf dem Spiel. Die Gefahrenabwehrbehörde hat daher entsprechend effektive Maßnahmen zu ergreifen, um diese Schutzgüter nicht tatsächlich zu gefährden. Da für die Wahlkampfveranstaltung eine große Ansammlung von Menschen erwartet werden konnte, war deren Untersagung angesichts der Bedrohung von Leib und Leben dringend geboten. Dabei ist unerheblich, dass der Standort der Veranstaltung 1,5 km von der Brandstelle entfernt ist, was angesichts der sich rasch ausbreitenden giftigen Dämpfe nicht zum Ausschluss möglicher Vergiftungen geeignet gewesen sein dürfte.

b) Gefahrenprognose

Die Entscheidung, dass eine Sachlage in absehbarer Zeit mit hinreichender Wahrscheinlichkeit zu einem Schaden führen würde, ist anhand einer *Prognose* zu ermitteln. Diese behördliche Prognoseentscheidung bedeutet, dass auf der Grundlage von Tatsachen der Geschehensablauf beurteilt wird. Dabei ist die *ex-ante-Sicht* maßgeblich, d.h. der Zeitpunkt des polizei- und ordnungsrechtlichen Handelns. Bei der Gefahrenprognose sind folgende Bewertungskriterien zugrunde zu legen:

- allgemeine Lebenserfahrung;
- bereits ermittelte Fakten;
- wissenschaftliche und technische Erkenntnisse;
- aus bereits vorhandenem Erfahrungsschatz abgeleitete Bewertung künftiger Ereignisse.

Oft kann die Prognose nur von Experten abgegeben werden, da die Kausalzusammenhänge häufig sehr kompliziert sind.

Beispiel 25: Stoffe, deren schädliche Wirkung im Einzelnen unbekannt ist.

Aber auch bei bekannter Schädlichkeit eines Stoffes, z.B. Dioxin, ist es oft nicht möglich, eine genaue Grenze für die Dosis anzugeben, bei der eine gesundheitsschädigende Wirkung auszuschließen oder zu erwarten ist. In diesem Zusammenhang sind auch die *Altlastenfälle* zu nennen, die für die Klausur von Bedeutung sein können. In diesen Fällen fehlt ein verbindliches Bewertungssystem, das eine einheitliche Beurteilung ermöglicht, so dass nur die im Zeitpunkt der Entscheidung vorhandenen Erkenntnisse zugrunde gelegt werden können.

Beispiel 26: *Fall nach VGH Mannheim, UPR 1990, 310 ff.:* Die S-OHG betrieb eine Schrottmetallhütte in der Stadt S. In den Schachthöfen wurden u. a. auch PVC-Reste verbrannt, wodurch die Grundstücke des angrenzenden Wohngebietes mit Dioxinen kontaminiert wurden. Durch schriftliche Ordnungsverfügung wurde der S-OHG aufgegeben, das kontaminierte Erdreich auf neun im Einzelnen bezeichneten Grundstücken 30 cm tief auszuheben, zum Abtransport bereitzustellen und die ausgekofferten Flächen auf die ursprüngliche Höhe wieder aufzufüllen. Zur Begründung wird ausgeführt, dass der Erdaushub zur Abwehr von Gesundheitsgefahren für die Bewohner erforderlich sei. Dabei wird auf das Ergebnis eines vom Umweltamt der Stadt S in Auftrag gegebenen Gutachtens verwiesen, wonach nach dem gegenwärtigen Stand der Erkenntnis alle festgestellten Tatsachen sowie die wissenschaftlich gesicherten Ursachenzusammenhänge darauf hinweisen, dass die Bodenverunreinigung auf den Betrieb der S-OHG zurückzuführen sei. Bestand eine Gefahr, die die Ordnungsverfügung rechtfertigte? *Hinweis: Es ist zu unterstellen, dass das Schutzgut der öffentlichen Sicherheit (Leben und Gesundheit der Bewohner) betroffen ist.*

Lösung: Eine Gefahr wäre dann anzunehmen, wenn durch die Bodenverunreinigung in absehbarer Zeit mit an Sicherheit grenzender Wahrscheinlichkeit ein Schaden für die öffentliche Sicherheit oder Ordnung eintreten würde. Die Wahrscheinlichkeit des Schadenseintritts war anhand einer *Prognose* zu ermitteln. Das vom Umweltamt der Stadt S in Auftrag gegebene Gutachten kommt zu dem Ergebnis, dass Gesundheitsgefahren für die Bewohner der angrenzenden Grundstücke bestehen. Aufgrund dieses Gutachtens und der durchgeführten Bodenproben ist ein Schadenseintritt nach objektiven Kriterien wahrscheinlich, so dass der Gefahrentatbestand erfüllt ist.

II. Gefahrenarten

Das Polizei- und Ordnungsrecht kennt verschiedene Gefahrenarten. Bei den Gefahrenarten kann unterschieden werden nach

- der richtigen Handlungsform;
- der richtigen Gefahrenlage und
- besonderen Gefahrenstufen.

1. Richtige Handlungsform

Bei der Wahl der *richtigen Handlungsform* kommt es auf die Unterscheidung der *konkreten* und der *abstrakten* Gefahr an: Eine *konkrete Gefahr* ist die in einem einzelnen Falle bestehende Gefahr. Sie ist Voraussetzung für eine Einzelfallmaßnahme nach der Generalklausel.

Beispiel 27: Ein entlaufener, bissiger Hund, der in der Vergangenheit bereits mehrfach Passanten angegriffen hat, *(vgl. Fallbeispiel 21)* stellt eine *konkrete* Gefahr dar, da durch die Bisse des Hundes im einzelnen Fall eine bestimmte Person an einem bestimmten Ort zu einem bestimmten Zeitpunkt verletzt werden kann.

Unter einer *abstrakten Gefahr* versteht man einen gedachten, abstrakten Sachverhalt, bei dem generell mit hinreichender Wahrscheinlichkeit mit einem Schaden für die öffentliche Sicherheit oder Ordnung gerechnet werden muss. Die abstrakte Gefahr ist Voraussetzung für den Erlass von Rechtsverordnungen, vgl. z.B. § 25 S. 1 OBG NW i. V. m. § 27 I OBG NW.

Beispiel 28: In entlegenen Regionen, die im Winter derart einschneien, dass sie manchmal tagelang von der Außenwelt abgeschnitten sind, lebt die Bevölkerung stets mit der abstrakten Gefahr, dass es zu Versorgungsengpässen kommen kann, in Krankheitsfällen keine rechtzeitige Hilfe möglich ist, usw.

Klausurtipp: Die Unterscheidung von konkreter und abstrakter Gefahr ist für die Klausur besonders wichtig, da in beiden Fällen verschiedene Sachverhalte betroffen und dementsprechend unterschiedliche Maßnahmen zu ergreifen sind.

Schema: Die konkrete und die abstrakte Gefahr

Konkrete Gefahr	**Abstrakte Gefahr**
= die im einzelnen Falle bestehende Gefahr	= Gefahr kann aufgrund der Lebenserfahrung generell in bestimmten Sachverhalten auftreten
Polizei- und ordnungsrechtliche Einzelfallmaßnahmen, z.B. § 8 I PolG NW; § 14 I OBG NW	Voraussetzung für den Erlass von Rechtsverordnungen, z.B. § 25 S. 1 OBG i. V. m § 27 I OBG NW

2. Richtige Gefahrenlage

Im Polizei- und Ordnungsrecht wird zwischen folgenden *Gefahrenlagen* unterschieden:

- der Anscheinsgefahr;
- der Putativgefahr und
- dem Gefahrenverdacht.

a) Die Anscheinsgefahr

Will die Polizei oder Ordnungsbehörde auf der Grundlage der Generalklausel einschreiten, ist eine *objektive Gefahrensituation* erforderlich.

Mit der *Anscheinsgefahr* ist eine Sachlage gemeint, bei der tatsächlich im Zeitpunkt des Einschreitens, also aus ex-ante-Perspektive, keine Gefahrensituation vorliegt, der handelnde Amtswalter aber aufgrund der vorliegenden Anhaltspunkte von einer Gefahrenlage ausgehen durfte. Abzustellen ist auf die Sicht eines fähigen, besonnenen und sachkundigen Amtswalters; auch ein objektiver Beobachter wäre anstelle des handelnden Amtswalters zur gleichen Einschätzung der Gefahrensituation gekommen. Die Anscheinsgefahr ist der objektiven Gefahr gefahrenabwehrrechtlich gleichgestellt, d.h. sie ist als „echte" Gefahr anzusehen.

Beispiel 29: Ein klassisches Beispiel einer Anscheinsgefahr ist der *„Zeitschaltuhrfall" – vgl. VG Berlin, NJW 1991, 2854:* Mieter M ist für drei Wochen verreist. Aus seiner Wohnung dringen Geräusche, die auf einen Überfall schließen lassen. Auf wiederholtes Klingeln des Hausmeisters wird die Wohnung nicht geöffnet; auch die Nachbarn können zum Verbleib des M keine Auskunft geben. Polizeibeamte brechen darauf hin die Wohnungstür auf und müssen feststellen, dass M für die Zeit seiner Abwesenheit den Fernseher an eine Zeitschaltuhr angeschlossen hat. Damit wollte M den Eindruck erwecken, er sei zuhause. Bestand eine Gefahr, die die Polizeibeamten zum Aufbrechen der Wohnungstür berechtigte? *Hinweis: Es ist zu unterstellen, das das Schutzgut der öffentlichen Sicherheit (Leib und Leben des M) betroffen sind.*

Lösung: Bei objektiver Betrachtung bestand keine Gefahr. Es könnte jedoch eine Anscheinsgefahr vorgelegen haben. Mit der *Anscheinsgefahr* ist eine Sachlage gemeint, bei der tatsächlich im Zeitpunkt des Einschreitens, also aus ex-ante-Perspektive, keine Gefahrensituation vorliegt, der handelnde Amtswalter aber aufgrund der vorliegenden Anhaltspunkte von einer Gefahrenlage ausgehen durfte. Aus der Sicht eines objektiven Beobachters hat sich die Situation in der Wohnung des M so dargestellt, dass sich dort ein Gewaltverbrechen abspielt und Leib und Leben des M unmittelbar bedroht zu sein schienen. Bei diesem Anschein einer Gefahr war die Polizei gehalten, unverzüglich in die Wohnung des M einzudringen, um in Erfahrung zu bringen, ob sich dort tatsächlich ein Verbrechen ereignet hatte, das Rettungsmaßnahmen erforderte. Es bestand somit im Zeitpunkt des Einschreitens der Polizei aus ex-ante-Sicht eine Anscheinsgefahr, die gefahrenabwehrrechtlich der objektiven Gefahrenlage gleichgestellt ist und somit die Polizei zum Eindringen in die Wohnung des M berechtigte.

b) Die Putativgefahr (= Scheingefahr)

Bei der *Putativgefahr* liegt – wie bei der Anscheinsgefahr – im Zeitpunkt des Einschreitens tatsächlich keine Sachlage vor, die zu einem Schaden führen kann. Der Unterschied zur Anscheinsgefahr besteht darin, dass bei Einschätzung der Lage der Beamte *irrig* meint, dass eine Gefahrensituation besteht, ohne dass dafür hinreichende Anhaltspunkte vorliegen. Die Putativgefahr beruht auf einer *pflichtwidrigen* Einschätzung des handelnden Beamten. Bei der Beurteilung der Pflichtwidrigkeit ist der Maßstab eines objektiven Beobachters zugrunde zu legen. Die Putativgefahr ist keine Gefahr im gefahrenabwehrrechtlichen Sinne. Handelt ein Beamter, um eine Putativgefahr zu beseitigen, handelt er *rechtswidrig.*

Beispiel 30: Der Fahrer (F) eines Tanklastzuges fährt trotz Straßenglätte mit überhöhter Geschwindigkeit; das Fahrzeug gerät auf der spiegelglatten Fahrbahn ins Schleudern und stürzt schließlich um. Die Polizei, die die Unfallstelle absichert, ordnet großräumig einen Erdaushub an, obwohl der Tanklastzug erkennbar Wasser geladen hat. Lag eine Gefahr vor?

Lösung: Bei objektiver Betrachtung bestand im Zeitpunkt des Einschreitens der Polizei keine Gefahrenlage. Die handelnden Beamten ordneten den Erdaushub an, obwohl keinerlei Anhaltspunkte dafür vorlagen, dass der Transporter mit giftigen Stoffen beladen war, die das Erdreich zu kontaminieren drohten. Es bestand – im Gegenteil – sogar die Gewissheit, dass keine solche Verunreinigung des Bodens zu befürchten war, da der Transporter erkennbar nur mit Wasser beladen war. Der angeordnete Erdaushub beruhte somit auf einer irrigen Einschätzung der Beamten. Es handelt sich lediglich um eine Putativgefahr, die - im Gegensatz zur Anscheinsgefahr - keine Gefahr im gefahrenabwehrrechtlichen Sinne darstellt und nicht zu Gefahrenabwehrmaßnahmen berechtigt.

c) Der Gefahrenverdacht

Ein *Gefahrenverdacht* ist dann anzunehmen, wenn das Tatsachenbild, das auf eine Gefahr hindeutet, *unvollständig* ist und der Behörde dies auch *bewusst* ist. Die Sachlage könnte ebenso gefährlich wie ungefährlich sein; die Behörde hält den Eintritt eines Schadens im Falle eines Gefahrenverdachts nur *für möglich, nicht hingegen für wahrscheinlich.* Im Unterschied zur Anscheinsgefahr, bei welcher der handelnde Beamte vom Vorliegen einer Gefahr vollständig überzeugt ist, befindet er sich beim Gefahrenverdacht hierüber im Ungewissen. Es stellt sich die Frage, ob und - wenn ja - welche Maßnahmen die Polizei- oder Ordnungsbehörde im Falle eines Gefahrenverdachts ergreifen kann. Allgemein ist zunächst festzustellen, dass die Behörde nicht zur Untätigkeit verpflichtet ist. Welche Handlungsmöglichkeiten die Polizei oder Ordnungsbehörde im Falle des Gefahrenverdachts hat, ergibt sich maßgebend aus dem *Verhältnismäßigkeitsgrundsatz.*

aa) Gefahrerforschungseingriffe

Beim Gefahrenverdacht sind Maßnahmen zunächst auf die *Gefahrerforschung* zu richten, also auf die Beseitigung der Ungewissheit durch Aufklärung des Sachverhalts. Sie zielen nicht unmittelbar auf die Beseitigung der potenziellen Gefahr, sondern dienen der Vorbereitung endgültiger Gefahrenabwehrmaßnahmen.

Äußerst *umstritten* ist, welche *inhaltlichen Anforderungen* an einen Gefahrerforschungseingriff zu stellen sind, damit dieser noch von der polizei- oder ordnungsrechtlichen Generalklausel gedeckt ist.

- *Zum Teil* wird angenommen, dass der Verantwortliche selbst zur Durchführung von Aufklärungsmaßnahmen verpflichtet werden kann.

- Nach der *h.M.* sind Gefahrerforschungseingriffe hingegen wegen des Untersuchungsgrundsatzes (§ 24 VwVfG; lesen!) von der Verwaltung durchzuführen. Der Verantwortliche hat lediglich eine *Duldungspflicht.* In der Auferlegung dieser Duldungspflicht liegt der Gefahrerforschungseingriff.

Beispiel 31: Landwirt L betreibt auf seinem Hof eine Hühnerzucht. In erster Linie deckt er damit den Bedarf seiner Freunde und Bekannten sowie seiner Familie. Seit Jahren kauft er die Tiere als junge Küken bei demselben Betrieb – so auch in diesem Jahr. Vor einigen Wochen war dieser Betrieb allerdings in die Schlagzeilen geraten, weil dort der Einsatz verbotener Masthilfemittel sowie diverser verbotener Medikamente festgestellt worden waren, die beim Verzehr des Fleischs zu Gesundheitsschäden führen können. Die zuständige Behörde vermutete, dass auch die an L veräußerten fünfzig Küken bereits vor dem Verkauf mit diesen verbotenen Substanzen behandelt worden waren und erließ eine schriftliche Ordnungsverfügung. Darin teilte sie L mit, dass sie zehn Hühner seines Bestandes schlachten lassen werde. Zur Begründung führte die Behörde aus, dass sie sich nur auf diese Weise letztendliche Gewissheit darüber verschaffen könne, ob die Hühner mit den verbotenen Mitteln behandelt worden seien oder nicht. L ist erbost über die ordnungsbehördliche Verfügung. Seine Tiere seien kerngesund – das könne man doch sehen. Mit einer Schlachtung von zehn Hühnern ist er nicht einverstanden, da überhaupt keine Gefahr bestehe. Hat L Recht?

Lösung: Für die zuständige Ordnungsbehörde lag ein unklares Tatsachenbild vor: sie vermutete, dass auch die Hühner, die L von dem in die Schlagzeilen geratenen Betrieb erworben hatte, mit den verbotenen – gesundheitsschädlichen – Mitteln behandelt worden waren, war sich allerdings diesbezüglich nicht sicher. Es bedurfte daher weiterer Aufklärungsmaßnahmen, um sich letztendliche Gewissheit zu verschaffen. Es bestand ein sog. *Gefahrenverdacht.* Die zuständige Behörde ist im Falle eines solchen Gefahrenverdachts berechtigt, Maßnahmen zur Sachverhaltsaufklärung, sog. *Gefahrerforschungseingriffe*, zu ergreifen. Nach h.M. hat die Behörde die zu treffenden Maßnahmen selbst vorzunehmen, der Verantwortliche hat diese lediglich zu dulden. Die Schlachtung der 10 Hühner diente der Aufklärung des Sachverhalts. Nur auf diese Weise konnte sich die Behörde darüber vergewissern, ob die Tiere mit den in Rede stehenden Mitteln behandelt worden waren und bei Verzehr des Fleischs Gefahren für die Gesundheit der Konsumenten bestanden. Die Schlachtung war auch zur Sachverhaltsaufklärung geeignet, erforderlich und angemessen und damit insgesamt verhältnismäßig. L hat die Schlachtung daher zu dulden.

bb) Gefahrenabwehrmaßnahmen

Umstritten ist, ob die Behörde bei einem Gefahrenverdacht auf der Grundlage der Generalklausel – wie bei der Anscheinsgefahr – berechtigt ist, *Gefahrenabwehrmaßnahmen* zu ergreifen. Es werden folgende Auffassungen vertreten:

- *Teilweise* wird angenommen, dass ein Gefahrenverdacht *nie* das Ergreifen von Gefahrenabwehrmaßnahmen rechtfertigt.
- *Nach anderer Auffassung* ist der Gefahrenverdacht *immer* als Gefahr im Sinne der Generalklauseln einzustufen.
- *Nach einem dritten Ansatz* kommt es auf die Bedeutung des gefährdeten Rechtsgutes an: endgültige Maßnahmen werden im Falle eines Gefahrenverdachts zumindest dann als gerechtfertigt angesehen, wenn besonders schützenswerte Rechtsgüter auf dem Spiel stehen.

Da die Aufgabe der Polizei- und Ordnungsbehörden in der Gefahrenabwehr besteht, ist davon auszugehen, dass ein effektiver Rechtsgüterschutz um so höher zu bewerten ist, je bedeutsamer das zu schützende Rechtsgut ist. D.h., dass in letzter Konsequenz der Gefahrenabwehr der Vorrang einzuräumen ist, wenn es um besonders bedeutsame Rechtsgüter geht, selbst wenn Unsicherheiten bestehen, ob tatsächlich eine Gefahr besteht oder nicht. Mit der zuletzt genannten Auffassung ist daher anzunehmen, dass im Falle der Gefährdung bedeutsamer Rechtsgüter Gefahrenabwehrmaßnahmen zulässig sind.

Beispiel 32: Bei der Polizei geht am Freitagabend der anonyme Hinweis ein, dass in zwei Stunden die Gastwirtschaft „Bahnhofsschänke" mit einer Bombe in die Luft gejagt werde. Die zentral gelegene Gastwirtschaft ist am Wochenende stets gut besucht. Da in den vergangenen Wochen bei der Polizei bereits ein anonymer Anruf eingegangen war, der sich als Fehlalarm erwiesen hatte, hat die Polizei erhebliche Zweifel an der Ernsthaftigkeit des erneuten Anrufs. Um aber Gefahren für Leib und Leben der Besucher zu vermeiden, lässt sie die Gastwirtschaft unverzüglich räumen, zumal der Anrufer angekündigt hat, „in diesem Fall keinen Spaß zu machen." Der Inhaber G ist hierüber sehr erbost und beklagt erhebliche Einnahmeausfälle, die ihm durch die Räumung der Gastwirtschaft entstanden seien. Der anonyme Anrufer habe durch seinen Anruf in der vergangenen Wochen schon einmal „geblufft"; es sei daher davon auszugehen gewesen, dass es sich auch dieses Mal um einen „schlechten Scherz" handele. Hat G Recht?

Lösung: Wegen der Bedeutung der gefährdeten Rechtsgüter – Leben und/oder Gesundheit einer Vielzahl von Menschen – ist davon auszugehen, dass die Polizei die Gefahrenabwehrmaßnahme in Form der unverzüglichen Räumung der Gastwirtschaft vornehmen durfte. Nur so konnte im Sinne einer effektiven Gefahrenabwehr eine potenzielle Gefahr für die öffentliche Sicherheit abgewendet werden.

Der Einwand des G, der Anrufer habe schon einmal „geblufft", steht der Entscheidung der Polizei nicht entgegen, zumal der Anrufer angekündigt hatte, in diesem Fall „keinen Spaß zu machen". Die Polizei war daher befugt, die Gastwirtschaft räumen zu lassen.

Schema: Gefahrenlage		
Anscheinsgefahr	**Putativgefahr (= Scheingefahr)**	**Gefahrenverdacht**
Voraussetzung Objektiv falsches Tatsachenbild der Behörde Objektiver Beobachter hätte Gefahrenlage bejaht	**Voraussetzung** Objektiv falsches Tatsachenbild der Behörde Objektiver Beobachter hätte Gefahrenlage verneint	**Voraussetzung** Unvollständiges Tatsachenbild der Behörde; Behörde ist sich dessen bewusst
→ Gefahr im Sinne der Generalklausel	→ keine Gefahr im Sinne der Generalklausel	→ Ob ein Gefahrenverdacht als Gefahr einzustufen ist, ist *umstritten* (drei Meinungen)

3. Besondere Gefahrenstufen

Im Gegensatz zur polizei- und ordnungsrechtlichen Generalklausel, die die dargestellte „einfache" Gefahr ausreichen lässt, setzen verschiedene polizeirechtliche *Standardmaßnahmen* und spezialgesetzliche Eingriffstatbestände eine *qualifizierte Gefahr* voraus. Die Differenzierung nach Gefahrenstufen bezieht sich dabei auf die Wahrscheinlichkeitsbewertung bezüglich des Schadenseintritts oder die Schwere des drohenden Schadens:

a) Gegenwärtige Gefahr

Eine *gegenwärtige Gefahr* ist gegeben, wenn das schädigende Ereignis bereits begonnen hat oder der Eintritt des schädigenden Ereignisses mit an Sicherheit grenzender Wahrscheinlichkeit unmittelbar bevorsteht.

Beispiel 33: Zwischen den Eheleuten E war es in der Vergangenheit wiederholt zu heftigen Auseinandersetzungen gekommen. Als der Ehemann (EM) nach einer durchzechten Nacht nach Hause kam, hörten die Nachbarn, dass die Eheleute erneut heftig stritten. Es schienen Gegenstände zu Bruch zu gehen und der EM brüllte: „Wenn Du so weitermachst, dann bringe ich Dich um!". Dabei bedrohte er seine Frau mit einer abgebrochenen Bierflasche. Als die Ehefrau (EF) darauf hin mehrmals um „Hilfe" schrie, alarmierten die Nachbarn die Polizei, um Schlimmeres abzuwenden. Als die Polizei eintraf und der EM die Wohnungstür öffnete, hockte die EF mit einer Platzwunde an der Stirn auf dem Boden. Die Wohnung war komplett verwüstet; etliche Einrichtungsgegenstände waren demoliert. Die EF bestätigte, dass es in den vergangenen Wochen immer häufiger Auseinandersetzungen mit ihrem Ehemann gegeben habe, in deren Verlauf der EM ihr gegenüber stets gewalttätig geworden sei. Die Platzwunde an der Stirn habe sie sich dadurch zugezogen, dass der EM sie gegen einen Schrank gestoßen habe, als sie versucht habe, die Wohnung zu verlassen. Außerdem habe er sie wiederholt getreten und geschlagen. Um Gefahren für Leib und Leben der EF abzuwenden, sieht die Polizei keine andere Möglichkeit, als den EM aus seiner Wohnung zu weisen und ihm für eine Dauer von zehn Tagen den Zutritt zu dieser zu verwehren. Der EM weigert sich, die Wohnung zu verlassen. Die Polizei könne ihn doch nicht einfach dazu zwingen, seine eigene Wohnung zu verlassen. Hat der EM Recht?

Lösung: Als Ermächtigungsgrundlage für die Maßnahme der Polizei kommt z.B. § 34 a PolG NW in Betracht. Danach ist der Polizei die Befugnis eingeräumt, bei einer *gegenwärtigen* Gefahr für Leib, Leben und Freiheit eines/einer Anderen die gewalttätige Person für die Dauer von regelmäßig zehn Tagen aus der vom Opfer bewohnten Wohnung zu verweisen und ihr die Rückkehr in diesen Bereich zu untersagen. Eine *gegenwärtige Gefahr* ist gegeben, wenn das schädigende Ereignis bereits begonnen hat oder der Eintritt des schädigenden Ereignisses mit an Sicherheit grenzender Wahrscheinlichkeit unmittelbar bevorsteht. Da der EM gegenüber der EF bereits gewalttätig geworden war, wodurch diese sich eine Verletzung zugezogen hatte und der EM damit gedroht hatte, die EF umzubringen, hat das schädigende Ereignis bereits begonnen. Um Gefahren für Leib und Leben der EF abzuwenden, musste die Polizei entsprechende Maßnahmen ergreifen; es bestand eine gegenwärtige Gefahr.

Die von der Polizei ergriffene Maßnahme (Verweis aus der Wohnung und Verwehrung des Zutritts für die Dauer von zehn Tagen) ist ebenso auf der Rechtsfolgenseite der Vorschrift vorgesehen. Die Maßnahme entspricht auch dem Verhältnismäßigkeitsgrundsatz, insbesondere stand der Polizei in der konkreten Situation kein milderes Mittel zur Verfügung.

b) Exkurs: Standardermächtigungen

Im *Fallbeispiel 33* hat die Polizei ihr Handeln auf § 34 a PolG NW – eine *sog. Standardermächtigung* – gestützt.

aa) Bedeutung und Funktion der Standardermächtigungen

Die Standardmaßnahmen regeln die Eingriffsermächtigung der Polizei bei immer wiederkehrenden, typischen Maßnahmen. Sie gelten ausschließlich und erlauben bei Nichtvorliegen einer der Voraussetzungen keinen Rückgriff auf die polizeiliche Generalklausel. Die Standardmaßnahmen stellen zumeist einen erheblichen Grundrechtseingriff dar (z.B. die Einschränkung der Bewegungsfreiheit). Aus diesem Grunde verlangen sie strengere Anforderungen als die Generalklausel.

bb) Einzelne Standardermächtigungen

In der Praxis und für die Klausur wichtige Standardmaßnahmen sind:

- **Durchsuchung von Wohnungen**, z.B. § 41 f. PolG NW
  - grundrechtlicher Bezug: Art. 13 GG;

- **Vorladung**, z.B. § 14 PolG NW
  - grundrechtlicher Bezug: Art. 2 II 2 GG;

- **Ingewahrsamnahme** von Personen, z.B. § 35 PolG NW
  - grundrechtlicher Bezug: Art. 2 II, 104 GG;

- **Sicherstellung und Verwahrung**, z.B. §§ 43 ff. PolG NW
  - grundrechtlicher Bezug: Art. 14 GG.

cc) Abgrenzung zu Strafverfolgungsmaßnahmen

Wie bereits erwähnt, kann die Polizei *präventiv* oder *repressiv* tätig werden. Genauso, wie beim Tätigwerden zwischen den Aufgaben differenziert werden kann, kann bei den Eingriffsbefugnissen differenziert werden. Wird die Polizei im Rahmen der Strafverfolgung tätig, dann muss sie ihr Handeln auf die dafür einschlägigen Vorschriften stützen. Diese sind den Standardmaßnahmen z. T. sehr ähnlich. Allerdings sind diese abschließend; ein Rückgriff auf die Standardmaßnahmen ist auch hier nicht möglich.

c) Erhebliche Gefahr

Eine *erhebliche Gefahr* liegt vor, wenn eine Gefahr für ein bedeutsames Rechtsgut gegeben ist.

Beispiel 34: Bestand des Staates, Leben, Gesundheit, Freiheit oder nicht unwesentliche Vermögenswerte.

d) Dringende Gefahr

Eine *dringende Gefahr* ist bei einer Sachlage gegeben, bei der Schäden für bedeutsame Rechtsgüter oder solche für weniger bedeutsame, dafür aber großen Ausmaßes zu erwarten sind. Ein unmittelbares Bevorstehen dieser Gefahr ist nicht erforderlich.

Beispiel 35: Bei der Polizeibehörde der Gemeinde G geht der anonyme Hinweis ein, dass der seit Monaten wegen versuchten Mordes gesuchte Zuhälter Z unter falschem Namen eine Wohnung angemietet habe und dort mehrere - und zwar mindestens zehn - Frauen gegen ihren Willen zur Prostitution zwinge. Die Frauen würden regelmäßig brutal von Z zusammengeschlagen, wenn sie sich zur Wehr setzten. Z selbst lebe auch in der Wohnung und nutze diese, um gemeinsam mit mehreren Komplizen einen Banküberfall auf die örtliche Sparkasse vorzubereiten, der in den nächsten Wochen ausgeführt werden soll. Zu diesem Zweck lagere Z in der Wohnung eine Reihe großkaliberiger Waffen und Sprengstoff. Um den Sachverhalt zu überprüfen und vor allem, um einen möglicherweise geplanten Banküberfall zu vereiteln, beabsichtigt die Polizei, die Wohnung noch in der darauf folgenden Nacht zu stürmen und zu durchsuchen und vor allem Z festzunehmen. Zu Recht?

Lösung: Gemäß § 41 III PolG NW können Wohnungen zur Abwehr dringender Gefahren jederzeit betreten werden, wenn eine der tatbestandlichen Alternativen der Ziff. 1 a) bis c) oder Ziff 2 erfüllt ist. Aufgrund des anonymen Anrufs liegen Tatsachen vor, die die Annahme rechtfertigen, dass sich in der Wohnung der wegen versuchten Mordes gesuchte Z verborgen hält und die Wohnung zugleich der Prostitution dient, so dass die Voraussetzungen des § 41 III Ziff. 1 c) und Ziff. 2 PolG NW vorliegen. Außerdem soll Z die Wohnung nach Angaben des anonymen Anrufers gemeinsam mit mehreren Komplizen zur Vorbereitung eines Banküberfalls nutzen (§ 41 III Ziff. 1 a) PolG NW). § 41 III PolG NW setzt weiter voraus, dass eine *dringende Gefahr* besteht. Eine *dringende Gefahr* ist bei einer Sachlage gegeben, bei der Schäden für bedeutsame Rechtsgüter oder solche für weniger bedeutsame, dafür aber großen Ausmaßes zu erwarten sind. Die Polizei musste aufgrund der konkreten Angaben des anonymen Anrufers davon ausgehen, dass Z tatsächlich gemeinsam mit mehreren Komplizen einen Banküberfall plant und bereit ist, bei dessen Ausführung Waffen und Sprengstoff einzusetzen. Da hierdurch das Leben mehrerer Menschen gefährdet sein könnte, war mit Schäden für ein besonders bedeutsames Schutzgut zu rechnen. Gleiches gilt für die Situation der Frauen, die Z nach Angaben des Anrufers zur Prostitution zwingt.

e) Gefahr im Verzug

Gefahr im Verzug ist bei einer Sachlage anzunehmen, bei der ein Schaden eintreten würde, wenn nicht an Stelle der an sich zuständigen Instanz eine andere Behörde oder Person tätig wird.

Beispiel 36: Obwohl die Durchsuchung einer Wohnung eigentlich durch den Richter angeordnet werden muss, darf die Polizei die Wohnungsdurchsuchung bei „Gefahr im Verzug" auch ohne richterliche Anordnung durchführen.

f) Gefahr für Leib oder Leben

Gefahr für Leib und Leben ist eine Sachlage, bei der eine - nicht nur leichte - Körperverletzung oder der Tod einzutreten droht.

Beispiel 37: *Vgl. oben Fallbeispiel 33:* Durch den Stoß gegen den Schrank hat die Ehefrau (EF) sich eine große Platzwunde am Kopf zugezogen. Außerdem hat der Ehemann (EM) die EF mehrfach getreten und geschlagen, ihr insgesamt also eine – nicht nur leichte – Körperverletzung zugefügt. Schließlich hat der EM der EF damit gedroht, sie umzubringen und ihr dabei eine abgebrochene Bierflasche vorgehalten, so dass auch das Leben der EF gefährdet war. Insgesamt bestand somit in der konkreten Situation eine Gefahr für Leib und Leben der EF.

g) Gemeine Gefahr

Eine *gemeine Gefahr* besteht für eine unbestimmte Vielzahl von Personen oder Sachen.

Beispiel 38: Seuchengefahren; Naturkatastrophen.

h) Latente Gefahr

Eine *latente Gefahr* ist gegeben, wenn sich eine zunächst ungefährliche Lage durch das Hinzutreten weiterer externer Umstände zu einer aktuellen Bedrohung polizeilicher Schutzgüter wandelt.

Beispiel 39: *Vgl. OVG Münster, OVGE 11, 250 ff.* – Die Schweinemästerei eines Bauernhofs wird wegen der von ihr ausgehenden Gerüche, Ratten und Fliegen für die über Jahre an sie heranrückende Wohnbebauung zur Gefahr.

Schema: Besondere Gefahrenlagen	
Gegenwärtige Gefahr	Das schädigende Ereignis hat bereits begonnen oder der Eintritt des schädigenden Ereignisses steht mit an Sicherheit grenzender Wahrscheinlichkeit bevor.
Erhebliche Gefahr	Gefahr für ein besonders bedeutsames Rechtsgut
Dringende Gefahr	Es sind Schäden für bedeutsame Rechtsgüter oder solche für weniger bedeutsame, dafür aber großen Ausmaßes zu erwarten.

Gefahr im Verzug	Es würde ein Schaden eintreten, wenn nicht anstelle der an sich zuständigen Instanz eine andere Behörde oder Person tätig wird.
Gefahr für Leib oder Leben	Es droht eine – nicht nur leichte Körperverletzung oder der Tod eines Menschen einzutreten
Gemeine Gefahr	Besteht für eine unbestimmte Vielzahl von Personen oder Sachen
Latente Gefahr	Eine zunächst ungefährliche Lage wandelt sich durch das Hinzutreten weiterer externer Umstände zu einer aktuellen Bedrohung polizeilicher Schutzgüter.

D. Ordnungs- und Polizeipflichtigkeit („Verantwortlichkeit“)

Der Verwaltungsakt (VA) zur Gefahrenabwehr kann sich grundsätzlich nicht an jede beliebige Person richten, sondern kann nur ergehen, wenn der Adressat für die Gefahr *verantwortlich* ist. Erst danach steht an zweiter Stelle die Gefahrenabwehr durch die *Behörde* bzw. deren Beauftragte. Der *Unbeteiligte* steht an letzter Stelle der in Anspruch zu nehmenden Personen. Wer im Einzelnen zur Gefahrenabwehr herangezogen werden kann, ist in den entsprechenden Gesetzen genau geregelt.

I. Prüfungsstandort (rechtsdogmatische Einordnung der Polizei- und Ordnungspflichtigkeit)

Der Tatbestand der polizei- und ordnungsrechtlichen Generalklausel ist bereits erfüllt, wenn eine Gefahr für die Schutzgüter „öffentliche Sicherheit und Ordnung" besteht. Die Vorschriften über die Polizei- und Ordnungspflichtigkeit stellen rechtsdogmatisch eine *Ermessensentscheidung* dar: im Rahmen ihres Entschließungsermessens muss die zuständige Behörde darüber befinden, *ob* überhaupt eingeschritten werden soll. Kann dies bejaht werden, hat die Behörde im Rahmen des *Auswahlermessens* zu entscheiden, *welche Person* zur Beseitigung der Gefahr herangezogen wird.

II. Subjekte der Polizei- und Ordnungspflichtigkeit

Subjekte der Polizei- und Ordnungspflicht können sein:

- *natürliche Personen*, wobei es nicht auf deren Geschäfts- oder Deliktsfähigkeit ankommt. Daher können grundsätzlich auch Kinder und Betreute in Anspruch genommen werden und

- *juristische Personen des Privatrechts.*

  Beispiel 40: AG; GmbH; e.V. Sogar nicht rechtsfähige Vereine können nach der Rechtsprechung durch Verfügung der Polizei- und Ordnungsbehörden verpflichtet werden.

In der Klausur kann das Problem der *Störereigenschaft von Verwaltungsträgern* auftreten, wenn von diesen eine Gefahr ausgeht.

Beispiel 41: Körperschaften, Anstalten und Stiftungen des öffentlichen Rechts sowie Behörden.

Materiellrechtlich sind Verwaltungsträger genauso wie private Personen dem Polizei- und Ordnungsrecht unterworfen. Dies folgt aus der verfassungsmäßigen Gesetzesbindung in Art. 20 III GG, wonach die Hoheitsträger an die allgemeinen Gesetze gebunden sind. Es stellt sich weiter die Frage, ob die Gefahrenabwehrbehörde im Falle einer Störung, die von einem Hoheitsträger ausgeht, befugt ist, gegen einen anderen Hoheitsträger einzuschreiten *(sog. formelle Pflichtigkeit von Hoheitsträgern).* Die *h.M.* lehnt eine solche Befugnis ab, weil die Gefahrenabwehrbehörde dadurch in den Kompetenzbereich der anderen Behörde eingreife. Jeder Hoheitsträger habe in seinem Aufgabenbereich Gefahren für die öffentliche Sicherheit und Ordnung selbst zu bekämpfen. Gefahrenabwehrbehörden stehen *neben* anderen Hoheitsträgern, sind diesen also *nicht übergeordnet*, so dass sie nicht befugt sind, gegen diese vorzugehen.

Beispiel 42: *Vgl. OVG Lüneburg, OVGE 12, 340* – Von der städtischen Kaserne K rücken jeden Morgen Panzer zu Übungen aus und verursachen hierdurch gesundheitsgefährdenden Lärm für die Anwohner des angrenzenden Wohngebietes. Mehrere Anwohner wenden sich an die zuständige Ordnungsbehörde mit der Bitte, die Lärmbelästigung zu unterbinden. Kann die Ordnungsbehörde gegen die Bundeswehr einschreiten?

Lösung: Die durch die Lärmbelästigung verursachte Gefahr für die öffentliche Sicherheit geht von der Bundeswehr und damit von einem Hoheitsträger aus. Materiellrechtlich ist jeder Hoheitsträger dem geltenden Recht unterworfen (Art. 20 III GG). Problematisch ist hingegen die formelle Pflichtigkeit der Bundeswehr. Nach h.M. ist eine Gefahrenabwehrbehörde nicht befugt, gegen eine andere Behörde einzuschreiten. Die zuständige Behörde kann daher nur auf die Gefahr hinweisen, die von den ausfahrenden Panzern ausgeht; die betroffenen Bürger können nicht gegen die Ordnungsbehörde, sondern nur gegen die Bundeswehr vorgehen.

III. Adressaten behördlicher Gefahrenabwehrmaßnahmen

Als mögliche Adressaten behördlicher Gefahrenabwehrmaßnahmen kommen in Betracht:

- der sog. Verhaltensstörer,
- der sog. Zustandsstörer,
- der sog. Nichtstörer.

1. Der sog. Verhaltensstörer

§ 6 PolG **BaWü**; Art. 7 PAG **Bay**; § 13 ASOG **Berl**; § 5 PolG **Brbg** bzw. § 16 OBG **Brbg**; § 5 PolG **Brem**; § 8 SOG **HH**; § 6 SOG **Hess**; § 69 SOG **MV**; § 6 SOG **Nds**; § 17 OBG **NW** bzw. § 4 PolG **NW**; § 4 POG **RhPf**; § 4 PolG **Saarl**; § 4 PolG **Sachs**; § 7 SOG **SA**; § 218 LVwG **SH**; § 10 OBG **Thür** bzw. § 7 I PAG **Thür** kommen zur Anwendung, wenn eine

Person einen Gefahrenzustand durch ihr eigenes Verhalten *verursacht* hat *(sog. Verhaltensstörer)*.

Ein polizei- und ordnungsrechtlich relevantes Verhalten kann in einem *positiven Tun* und *einem Unterlassen* bestehen und so zu einer Pflichtigkeit führen. Wie im Zivil- und Strafrecht genügt auch im Polizei- und Ordnungsrecht nicht irgendein Nichthandeln. Ein Unterlassen steht dem positiven Tun nur dann gleich, wenn eine *Pflicht zum Handeln* besteht, wobei nach *h.M.* eine *öffentlich-rechtliche Handlungspflicht* verletzt werden muss. Begründet wird diese Auffassung damit, dass die aus der Störereigenschaft folgende Pflicht eine verwaltungsrechtliche Pflicht sei und sie sich daher ausschließlich aus öffentlich-rechtlichen Vorschriften ergeben könne.

Beispiel 43: Eine öffentlich-rechtliche Pflicht zum Handeln ist die Pflicht der Eltern, ihre Kinder zur Schule zu schicken. Unterlassen sie es, können sie ordnungsrechtlich dazu angehalten werden.

a) Begriff der „Verursachung" im Polizei- und Ordnungsrecht

Problematisch ist, welche Anforderungen an das *Verursachen* eines Gefahrenzustands zu stellen sind.

aa) Äquivalenztheorie

Die im Strafrecht vorherrschende *Äquivalenztheorie*, wonach Kausalität vorliegt, wenn eine Ursache nicht hinweggedacht werden kann, ohne dass der Erfolg entfiele, ist nach allgemeiner Meinung im Polizei- und Ordnungsrecht nicht anwendbar. Im Gegensatz zum Strafrecht verfügt das Polizei- und Ordnungsrecht nicht über das Korrektiv der Schuld.

bb) Adäquanztheorie

Auch die für das Zivilrecht entwickelte *Adäquanztheorie* ist für das Polizei- und Ordnungsrecht unbrauchbar. Diese Theorie fragt danach, ob eine Bedingung nach der allgemeinen Lebenserfahrung geeignet ist, den Erfolg herbeizuführen. Da das Polizei- und Ordnungsrecht auch atypische Geschehensabläufe erfassen muss, ist die Adäquanztheorie für den Begriff der Verursachung zu eng.

cc) Theorie der rechtswidrigen Verursachung

Nach der *Theorie der rechtswidrigen Verursachung* ist Störer, wer die ihm von der Rechtsordnung gesetzten Schranken überschreitet, also rechtswidrig handelt. Diese Theorie wird überwiegend abgelehnt, da sie in den Fällen versagt, wo gesetzliche Normen fehlen.

dd) Theorie der unmittelbaren Verursachung

Herrschend ist heute die *Theorie von der unmittelbaren Verursachung.* Danach ist Störer, wer die Gefahr *unmittelbar* verursacht, d.h. wer die Gefahrengrenze überschreitet. Nur ausnahmsweise kann nach h.M. eine Person bei einer mittelbaren Verursachung als Verhaltensstörer herangezogen werden, nämlich wenn sie

- ein sog. *Zweckveranlasser* oder
- ein sog. *latenter Störer* ist.

(1) Unmittelbarkeit der Verursachung

Ein Verhalten ist demnach grundsätzlich dann ursächlich, wenn es selbst die Gefahrengrenze überschreitet und damit die unmittelbare Ursache für den Eintritt der Gefahr setzt.

Beispiel 44: *Vgl. VGH Kassel, NJW 1986, 1829* – Auf einer Bundesstraße entsteht durch einen Unfall ein Rückstau. Autofahrer A kann sein Fahrzeug nicht mehr rechtzeitig abbremsen und fährt auf einen anderen Wagen auf, ohne einen Sachschaden zu erzeugen. Anders ergeht es fünf weiteren Fahrern, die ihre Fahrzeuge nicht schnell genug zum Stillstand bringen können und jeweils auf das vorausfahrende Fahrzeug auffahren. Hier entsteht eine Öl- und Benzinspur, die von der Feuerwehr entfernt werden muss. A wird anteilig für die hierdurch entstandenen Ersatzkosten herangezogen. Er ist darüber erbost und nicht bereit, für die Ersatzkosten aufzukommen. Schließlich habe er die Öl- und Benzinverschmutzung überhaupt nicht verursacht. Hat A mit seiner Auffassung Recht?

Lösung: Um A für die Ersatzkosten heranziehen zu können, müsste A die Beschmutzung der Straße durch sein Verhalten *verursacht* haben. Durch das Auffahren des A auf das vorausfahrende Fahrzeug ist kein Sachschaden entstanden, so dass A durch sein Verhalten nicht unmittelbar zur Verschmutzung der Fahrbahn beigetragen hat, sondern nur eine mittelbare Ursache gesetzt hat. Wer nur mehr oder weniger zufällig zu einer Gefahrenlage beiträgt, überschreitet jedoch noch nicht die Gefahrenschwelle und kann somit nicht als Störer herangezogen werden.

(2) Zweckveranlasser

Ausnahmsweise kann einer Person, die durch ihr Verhalten eine Gefahr nur mittelbar verursacht, der Gefährdungserfolg unter Wertungsgesichtspunkten zugerechnet werden. Man spricht in diesem Fall von einem sog. *Zweckveranlasser.*

Zweckveranlasser ist, wer

- bei hintereinandergeschalteten Kausalfaktoren
- objektiv gefahrerhöhende Risiken schafft.

Der Zweckveranlasser haftet immer *neben* dem unmittelbaren Verursacher.

Umstritten ist, nach welchen Kriterien die Zurechnung des Gefährdungserfolgs erfolgen kann:

- Die *subjektive Theorie* stellt auf die Intention des „Hintermanns“ ab. Hiernach kommt es darauf an, ob der Verursacher absichtlich die Gefahr herbeigeführt bzw. diese mindestens billigend in Kauf genommen hat.

- Nach der *objektiven Theorie* kommt es darauf an, ob die eingetretene Gefahrenlage aus der Sicht eines unbeteiligten Dritten als typische Folge der Veranlassung zu bewerten ist, die sich der „Hintermann“ zurechnen lassen muss.

Die subjektive Theorie ist abzulehnen, da sie nicht zu dem auf objektive Umstände abstellenden Polizei- und Ordnungsrecht passt. Hinzu kommt, dass die von der subjektiven Theorie vorausgesetzte Absicht nur schwer zu erkennen und nachzuweisen ist.

Beispiel 45: In der Gemeinde G hat an einer stark befahrenen Bundesstraße eine Boutique eröffnet. Um das Geschäft richtig in Gang zu bringen, hat der Geschäftsinhaber G sich für den Eröffnungstag verschiedene Attraktionen ausgedacht, wobei Hauptanziehungspunkt eine Modenschau ist, die G in seinem Schaufenster veranstaltet. Es bildet sich dadurch auf dem Gehsteig nach und nach eine riesige Menschenansammlung, was dazu führt, dass etliche Passanten auf die Fahrbahn gedrängt werden und der Straßenverkehr behindert wird. Ist G Störer im Sinne des Polizei- und Ordnungsrechts?

Lösung: Die Behinderung des Straßenverkehrs und damit die Störung der Rechtsordnung (vgl. § 1 II StVO) geht *unmittelbar* von den *Passanten* aus. Es stellt sich allerdings die Frage, ob G nicht durch die Veranstaltung der Modenschau die Störung veranlasst hat und als Verhaltensstörer im Sinne des Polizei- und Ordnungsrechts zu qualifizieren ist. Angesichts der Attraktivität der von G zur Eröffnung seines Geschäfts veranlassten Aktionen war vorauszusehen, dass es zu einem Menschenauflauf kommen würde. Man wird auch annehmen müssen, dass es G gerade auf diese Wirkung ankam. Dementsprechend ist G sowohl nach der objektiven als auch der subjektiven Theorie Zweckveranlasser und damit Verhaltensstörer im Sinne des Polizei- und Ordnungsrechts.

(3) Latenter Störer

Nach der Theorie der unmittelbaren Verursachung begründet eine mittelbare Verursachung ferner dann eine Ordnungspflicht, wenn sie *latent gefährlich* ist. Latent störende Ursache ist diejenige Ursache, die

- bei kumulativer Kausalität
- von Anfang an eine erhöhte Gefahrentendenz im Verhältnis zu den anderen möglichen Ursachen aufwies und es nur einer absehbaren Umweltveränderung bedurfte, damit sich die angelegte Gefahrenneigung zur Störung aktualisierte.

Der latente Störer haftet *immer allein.*

Beispiel 46: In folgenden Fällen hat die Rechtsprechung eine latente Gefahr und damit die Störereigenschaft angenommen:

- *Kühlturmfall – vgl. OVG Münster OVGE 16, 289*: Aus einem Kühlturm austretender Wasserdampf führt im Winter zur Eisbildung auf einer in der Umgebung später gebauten Straße. Der Betreiber des Kühlturmes ist latenter Störer bezogen auf das entstandene Glatteis.

- *Altlastenfall – vgl. VGH Mannheim VBLBW 2000, 362*: Nach der Stilllegung, Rekultivierung und Bebauung eines ehemaligen Bergwerkgeländes treten Gase aus. Der Betreiber des ehemaligen Bergwerkgeländes ist latenter Störer hinsichtlich später austretender Gase.

- *Schweinemästereifall – vgl. OVG Münster OVGE 11, 250:* Die Umgebung einer im Außenbereich genehmigungsfrei betriebenen Schweinemästerei wird zunehmend mit Wohnhäusern bebaut. Der Betreiber der Schweinemästerei ist latenter Störer bezogen auf die Geruchsbelästigung bei späterer Umgebungsbebauung.

b) Anscheins- und Verdachtsstörer

Im Rahmen der Darstellung der Gefahrenbegriffe wurde erläutert, dass die *Anscheinsgefahr* gefahrenabwehrrechtlich der objektiven Gefahrenlage gleichgestellt ist. Dies wirkt sich auf die die „Störer-Problematik" aus, denn die weite Auslegung des Gefahrenbegriffs macht nur dann Sinn, wenn auch die Störerbegriffe entsprechend weit gefasst werden. Geht der handelnde Beamte davon aus, jemand habe durch sein Handeln oder Unterlassen eine Gefahr verursacht, dann ist der Verursacher *Anscheinsstörer*. Gleiches gilt für den *Verdachtsstörer*, d.h. denjenigen, bei dem vertretbar von der Möglichkeit einer Gefahrverursachung ausgegangen wird.

Beispiel 47: *Vgl. oben Fallbeispiel 29 - , „Zeitschaltuhrfall" – VG Berlin, NJW 1991, 2854:* Durch die Installation der Zeitschaltuhr hat M einen Zustand geschaffen, der sich aus Sicht der Polizeibeamten als Gefahrenlage darstellte, d.h. er hat dem Anschein nach eine Gefahr verursacht. Vor dem Eindringen in die Wohnung war bei verständiger Würdigung der Sachlage jedoch nicht davon auszugehen, dass die von den Polizisten angenommene Gefahr, dass dort ein Einbruch stattfand, von M selbst ausging. Aus ex-ante-Sicht hat M mithin nicht den Eindruck erweckt, er habe die – vermeintliche- Gefahr verursacht. Er ist insoweit nicht als Anscheinsstörer anzusehen.

2. Der sog. Zustandsstörer

Die *Zustandshaftung* greift ein, wenn eine Gefahr von dem Zustand einer Sache oder einem Tier ausgeht. Zustand kann auch die örtliche Lage einer Sache sein. Haftungsauslösend ist der Zustand der Sache als solcher. § 7 PolG **BaWü**; Art. 8 PAG **Bay**; § 14 ASOG **Berl**; § 6 PolG **Brbg**; § 6 PolG **Brem**; § 9 SOG **HH**; § 7 SOG **Hess**; § 70 SOG **MV**; § 7 SOG **Nds**; § 5 PolG **NW**; § 18 OBG **NW**; § 5 POG **RhPf**; § 5 PolG **Saarl**; § 5 PolG **Sachs**;§ 8 SOG **SA**; § 219 LVwG **SH**; § 8 PAG **Thür**; § 11 OBG **Thür** kennen meist folgende Anknüpfungspunkte für die Begründung der Zustandsverantwortlichkeit:

- Das Eigentum an einer Sache und
- Die tatsächliche Sachherrschaft darüber.

§ 5 PolG NW nennt darüber hinaus als zustandsverantwortliches Rechtssubjekt

- einen anderen Berechtigten.

a) Eigentümer

Die Sachherrschaft des Eigentümers begründet und begrenzt die Zustandshaftung. Die Verantwortlichkeit für das Eigentum gilt für natürliche und juristische Personen gleichermaßen.

aa) Bestimmung des Eigentümers

Bei der Bestimmung des Eigentümers ist der zivilrechtliche Eigentumsbegriff im Zeitpunkt des behördlichen Einschreitens maßgeblich. Nach § 5 II 2 PolG NW z.B. scheidet eine Inanspruchnahme jedoch aus, wenn ein anderer die tatsächliche Gewalt *ohne den Willen* des Eigentümers oder Berechtigten ausübt. Ähnliches regelt § 18 II 2 OBG NW für das allgemeine Ordnungsrecht.

Beispiel 48: Fälle der verbotenen Eigenmacht i. S. d. § 858 BGB wie Diebstahl.

Für den Fall, dass der Inhaber der tatsächlichen Gewalt diese *mit dem Willen* des Eigentümers ausübt, können grundsätzlich beide in Anspruch genommen werden. Steht eine Sache im Eigentum *mehrerer Personen*, so ist grundsätzlich jeder Miteigentümer allein und in vollem Umfang für die Beseitigung von Gefahren verantwortlich.

Beispiel 49: Nach § 2038 I 1 BGB ist die Ordnungsverfügung, die auf der Zustandshaftung für ein Grundstück beruht, an alle Miterben zu richten. In Notfällen ist der einzelne Erbe allein zur Geschäftsführung berechtigt (§ 2038 I 2 BGB) mit der Folge, dass in Eilfällen etwa eine Polizeiverfügung ausschließlich an ihn gerichtet werden kann.

In der Klausur kann das Problem des gesetzlichen Eigentumsübergangs durch Verbindung, Vermischung oder Verarbeitung nach den §§ 946 ff. BGB auftauchen.

Beispiel 50: Öl oder Benzin treten in das Erdreich ein und gehen mit diesem eine Verbindung oder mit dem Grundwasser eine Vermischung ein. In diesem Fall endet die Zustandsverantwortlichkeit des Eigentümers von Öl oder Benzin gem. §§ 946 ff. BGB.

bb) Eigentumsaufgabe

Die auf Zustandshaftung gestützte Ordnungsverfügung setzt voraus, dass der Adressat im Zeitpunkt der letzten Behördenentscheidung Eigentümer der gefahrbringenden Sache ist.

(1) Eigentumsaufgabe durch Dereliktion

Hat der Eigentümer das Eigentum vor Erlass der Ordnungsverfügung gem. §§ 928, 959 BGB aufgegeben *(sog. Dereliktion),* so endet nach den Vorschriften der meisten Länder seine Zustandsverantwortlichkeit hierdurch nicht, vgl. Art. 8 III PAG **Bay**; § 14 IV ASOG **Berl**; § 6 III PolG **Brbg**; § 6 III PolG **Brem**; § 9 I 2 SOG **HH**; § 7 III SOG **Hess**; § 70 III SOG **MV**; § 7 III SOG **Nds**; § 5 III PolG **NW**; § 18 III OBG **NW**; § 5 III POG **RhPf**; § 5 III PolG **Saarl**; § 8 III SOG **SA**; § 219 III LVwG **SH**; § 8 III PAG **Thür**; § 11 III OBG **Thür**.

Beispiel 51: Um unnötige Kosten zu vermeiden, entschließt sich E, seinen schrottreifen Altwagen in einem abgelegenen Waldstück abzustellen. Um zu verhindern, dass man ihn im Nachhinein als Eigentümer des Fahrzeugs ermittelt, demontiert er das Kennzeichen und ähnliche Hinweise. Spaziergänger entdecken den abgestellten Wagen, aus dem bereits Öl und Benzin ausgelaufen sind, und informieren die zuständige Gefahrenabwehrbehörde über den Sachverhalt. Einer der Spaziergänger, der in der Nachbarschaft des E lebt, erkennt sofort, dass es sich um den Wagen des E handelt und teilt dies ebenfalls der Gefahrenabwehrbehörde mit. E soll ordnungsrechtlich in Anspruch genommen werden. Ist E Störer im gefahrenabwehrrechtlichen Sinne?

Lösung: Das Eigentum des E an dem Altwagen begründet dessen Zustandsverantwortlichkeit. Das Abstellen des Wagens ist zivilrechtlich als Dereliktion im Sinne von § 959 BGB zu deuten. Diese beendet gem. Art. 8 III PAG **Bay**; § 14 IV ASOG **Berl**; § 6 III PolG **Brbg**; § 6 III PolG **Brem**; § 9 I 2 SOG **HH**; § 7 III SOG **Hess**; § 70 III SOG **MV**; § 7 III SOG **Nds**; § 5 III PolG **NW**; § 18 III OBG **NW**; § 5 III POG **RhPf**; § 5 III PolG **Saarl**; § 8 III SOG **SA**; § 219 III LVwG **SH**; § 8 III PAG **Thür**; § 11 III OBG **Thür** nicht die Zustandsverantwortlichkeit des E. Überdies trifft E als den ehemaligen Eigentümer des Wagens eine Verhaltensverantwortlichkeit für die Gefahren, die von dem Autowrack ausgehen (ausgelaufenes Öl und Benzin).

(2) Eigentumsaufgabe durch sittenwidriges Rechtsgeschäft

In der Klausur kann das Problem auftauchen, ob sich der Eigentümer durch *Veräußerung an eine vermögenslose juristische Person* seiner Zustandsverantwortlichkeit entziehen kann. Nachdem die Rechtsprechung dies zunächst bejaht hat, nimmt sie nunmehr eine Zustandsverantwortlichkeit des ursprünglichen Eigentümers unter dem Gesichtspunkt der Sittenwidrigkeit und damit Nichtigkeit der Veräußerung an. Wird mit einem Rechtsgeschäft der Zweck verfolgt, andere (Dritte oder die Allgemeinheit) zu schädigen, ist das Rechtsgeschäft nach § 138 BGB nichtig. Diese Voraussetzungen liegen im allgemeinen Polizei- und Ordnungsrecht vor, wenn ein Rechtsgeschäft allein deshalb erfolgt, um die Zustandshaftung auf die Allgemeinheit abzuwälzen.

b) Inhaber der tatsächlichen Gewalt

Die Gefahrenabwehrmaßnahme kann sich gegen den *Inhaber der tatsächlichen Gewalt* richten. Inhaber der tatsächlichen Gewalt ist derjenige, der die Sache (oder das Tier) *in Gewahrsam* hat. Hierbei spielt die Eigentumslage ebenso wenig eine Rolle wie der zivilrechtliche Besitz. Auch der unrechtmäßige Inhaber der tatsächlichen Gewalt ist zustandsverantwortlich.

Beispiel 52: Inhaber der tatsächlichen Gewalt können sein: der Mieter, der Verwahrer, der Pächter und der Entleiher, aber auch der Dieb; bei Autos kann die tatsächliche Gewalt sowohl vom Halter als auch vom Fahrer ausgeübt werden.

Der Inhaber der tatsächlichen Gewalt ist nicht mehr zustandsverantwortlich, sobald er den Gewahrsam aufgibt.

c) Anderer Berechtigter

Neben dem Eigentümer und dem Inhaber der tatsächlichen Gewalt kann nach § 5 II PolG NW auch ein *anderer Berechtigter* gefahrenabwehrrechtlich in Anspruch genommen werden. Das OBG NW enthält keine entsprechende Regelung. „Anderer Berechtigter" ist:

- zunächst jeder, der außer dem Eigentümer sachenrechtlich berechtigt ist, auf den störenden Gegenstand einzuwirken

  Beispiel 53: Der Nießbraucher; der Erbbauberechtigte;

- und wer durch eine schuldrechtliche Verfügungsbefugnis berechtigt ist, auf den störenden Gegenstand einzuwirken

  Beispiel 54: Befugnis des Mieters, Pächters und Verwahrers.

3. Der sog. Nichtstörer

Ausnahmsweise können nach § 9 PolG **BaWü**; Art. 10 PAG **Bay**; § 16 ASOG **Berl**; § 18 OBG **Brbg**; § 7 PolG **Brem**; § 10 SOG **HH**; § 9 SOG **Hess**; § 71 SOG **MV**; § 8 SOG **Nds**; § 19 OBG **NW**; § 6 PolG **NW**; § 7 POG **RhPf**; § 6 PolG **Saarl**; § 7 PolG **Sachs**; § 10 SOG **SA**; § 220 LVwG **SH**; § 10 PAG **Thür**; § 13 OBG **Thür** unter bestimmten Voraussetzungen zur Sicherstellung einer effektiven Gefahrenabwehr andere Personen als die Verantwortlichen *(sog. Nichtstörer)* polizei- und ordnungsrechtlich in Anspruch genommen werden. Es handelt sich hierbei um Situationen,

- in denen die Gefahrenabwehrbehörde weder einen Störer zur Gefahrbeseitigung verpflichten kann

  Beispiel 55: der Störer ist nicht feststellbar oder auffindbar;

- noch selbst dazu imstande ist, die Gefahr zu beseitigen bzw. durch Beauftragte beseitigen zu lassen

  Beispiel 56: die zuständige Behörde verfügt nicht über die zur Gefahrbeseitigung erforderlichen technischen Mittel.

Klausurtipp: Ob und inwieweit eine Person zur Gefahrenabwehr im konkreten Fall herangezogen werden kann, bestimmt sich nach dem Tatbestand der Notstandspflicht und der rechtlich erlaubten Notstandsmaßnahme. Für die Klausur bedeutet dies, dass zwischen den *Voraussetzungen* und den *Rechtsfolgen* der Notstandspflicht unterschieden werden muss.

a) Voraussetzungen für die Inanspruchnahme (Tatbestandsvoraussetzungen)

Ein Nichtstörer kann nur unter erheblich strengeren Voraussetzungen als ein Störer in Anspruch genommen werden, da der Nichtstörer für die Gefahr nicht verantwortlich ist. Die meisten Gesetze verlangen für die Inanspruchnahme eines Nichtstörers, dass der Betroffene:

- weder Verhaltens- noch Zustandsstörer ist;
- eine gegenwärtige erhebliche Gefahr vorliegt;
- die Heranziehung des Störers aussichtslos ist;
- die Gefahrenabwehrbehörde selbst oder deren Beauftragte die Gefahr nicht effektiv abwehren können und
- die Opfergrenze zugunsten des Betroffenen gewahrt bleibt.

Diese tatbestandlichen Voraussetzungen müssen *kumulativ*, d.h. nebeneinander erfüllt sein.

aa) Kein Verhaltens- oder Zustandsstörer

§ 6 PolG NW und § 19 OBG NW z.B. bestimmen auf der Rechtsfolgenseite, dass Personen in Anspruch genommen werden dürfen, die *weder Verhaltens- noch Zustandsstörer* sind. Dementsprechend ist negative Voraussetzung auf der Tatbestandsseite, dass der Betroffene weder Verhaltens- noch Zustandsstörer ist.

bb) Gegenwärtige erhebliche Gefahr

Die Notstandspflicht setzt eine *gegenwärtige erhebliche Gefahr* voraus. Der damit erforderliche Gefahrenzustand ist also in doppelter Hinsicht qualifiziert, da er zum einen eine besondere zeitliche Schadensnähe und zum anderen eine besondere Wertigkeit des bedrohten Schutzgutes verlangt. Bezüglich der Voraussetzungen dieses qualifizierten Gefahrenzustands wird auf die obigen Ausführungen zu den verschiedenen Gefahrenstufen verwiesen.

cc) Aussichtslosigkeit der Heranziehung des Verantwortlichen

Ein Nichtstörer darf erst dann zur Gefahrenabwehr herangezogen werden, wenn die Inanspruchnahme eines Verhaltens- oder Zustandsstörers nicht in Betracht kommt. Dies ist der Fall, wenn die Inanspruchnahme des Verhaltens- oder Zustandsstörers unmöglich ist, weil ein Störer nicht vorhanden ist, nicht ermittelt werden kann oder aus rechtlichen Gründen nicht herangezogen werden kann.

Beispiel 57: Gefahrenabwehr an einem Flussufer ist nur möglich, wenn das Anliegergrundstück eines Dritten betreten wird (= rechtliche Unmöglichkeit).

dd) Aussichtlosigkeit behördlicher Gefahrenbekämpfung

Die Gefahrenabwehr darf z.B. nach § 6 I Nr. 3 PolG NW bzw. § 19 I Nr. 3 OBG NW nicht durch die Behörde selbst möglich sein, d.h. im Zeitpunkt des Einschreitens dürfen der Behörde keine eigenen Mittel zur Gefahrenabwehr zur Verfügung stehen (Eigenhandlung, Amtshilfe, Beauftragte).

Beispiel 58: Die Ordnungsbehörde ist verpflichtet, vorrangig Zimmer von Privaten (Hotels, Pensionen) anzumieten, bevor sie Obdachlose in die Wohnung von Nichtstörern einweist.

ee) Wahrung der Opfergrenze

Zuletzt ist z.B. nach § 6 I Nr. 4 PolG NW bzw. § 19 I Nr. 4 OBG NW erforderlich, dass die sog. *Opfergrenze* des Nichtstörers *nicht überschritten wird.* Die Opfergrenze besteht beim Nichtstörer dort, wo eine Inanspruchnahme eine eigene Gefährdung des Pflichtigen und die Verletzung höherwertiger Pflichten zur Folge hätte.

Beispiel 59: Die Einweisung von Asylbewerbern in privaten Wohnraum im Wege der Notstandspflicht ist dann unzulässig, wenn der Eigentümer den Wohnraum selbst nutzt und diesen nicht zur anderweitigen Gebrauchsüberlassung vorsieht. Der Eigentümer steht unter dem Schutz des durch Art. 14 I GG gewährleisteten Selbstbestimmungsrechts bezüglich der eigenen Wohnbedürfnisse.

b) Folgen einer Inanspruchnahme als Nichtstörer

Wird eine Person als Nichtstörer in Anspruch genommen, können sich hieraus insbesondere

- Entschädigungsansprüche (z.B. gemäß § 39 I a) OBG NW (ggf. i. V. m. § 67 PolG NW)) sowie
- Folgenbeseitigungsansprüche

ergeben.

aa) Entschädigungsansprüche

Aus der Inanspruchnahme als Nichtstörer ergibt sich z.B. nach § 39 I a) OBG NW ein Anspruch auf Ersatz des Schadens, der durch die *rechtmäßige* Inanspruchnahme als Nichtstörer entstanden ist. Im Falle der *rechtswidrigen* Heranziehung eines Nichtstörers kann dieser nach § 39 I b) OBG NW ebenfalls einen Entschädigungsanspruch geltend machen.

bb) Folgenbeseitigungsansprüche

Wird durch einen hoheitlichen Eingriff in ein subjektives Recht ein rechtswidriger Zustand geschaffen, der noch andauert, hat der Betroffene einen Anspruch auf Beseitigung der unmittelbaren Folgen des rechtswidrigen Eingriffs, d.h. auf Wiederherstellung des vor dem Eingriff bestehenden Zustands. Es handelt sich hierbei um den sog. *Folgenbeseitigungsanspruch*, der gesetzlich nicht geregelt, von Rechtsprechung und Literatur jedoch – mit unterschiedlicher Begründung - anerkannt ist.

Beispiel 60: Die beiden Obdachlosen A und F werden in die von der Gemeinde G beschlagnahmte Wohnung des Eigentümers E eingewiesen. Nachdem die Beschlagnahme- und Einweisungsfrist abgelaufen ist, weigern A und F sich, die Wohnung zu räumen und verweilen weiterhin dort. E ist nicht bereit, diesen Zustand zu dulden und erkundigt sich bei einem Rechtsanwalt, auf welchem Wege er die Räumung seiner Wohnung erreichen kann. Welchen Rat wird der Rechtsanwalt ihm erteilen?

Lösung: Der Rechtsanwalt wird M raten, gegen die Behörde einen Folgenbeseitigungsanspruch geltend zu machen. Da die Behörde nach Ablauf der Beschlagnahme- und Einweisungsfrist dadurch, dass A und F weiterhin in der Wohnung des E verweilen, einen rechtswidrigen Zustand aufrecht erhält, ist sie verpflichtet, die unmittelbaren Folgen des Eingriffs zu beseitigen. Für den konkreten Fall bedeutet dies, dass die Behörde die in der Wohnung verweilenden Personen zur Räumung bewegen muss. Auf diese Weise kann die Behörde den Zustand wiederherstellen, der bestehen würde, wenn die Einweisungs- und Beschlagnahmeverfügung nicht ergangen wäre.

4. Rechtsnachfolge in die Polizei- und Ordnungspflicht

Grundsätzlich sind die Gefahrenabwehrbehörden verpflichtet, Maßnahmen gegen den Störer zu richten; nur in Ausnahmefällen darf – wie oben erläutert - ein Nichtstörer in Anspruch genommen werden. In der Klausur kann sich das Problem ergeben, ob eine Person als *Rechtsnachfolger* des ursprünglich Pflichtigen polizei- und ordnungsrechtlich herangezogen werden kann, wenn dieser verstirbt oder eine gefahrbringende Sache veräußert.

a) Allgemeines

Für die Rechtsnachfolge in die polizei- und ordnungsrechtliche Verantwortlichkeit müssen stets folgende zwei Grundvoraussetzungen erfüllt sein:

- *Nachfolgefähigkeit:* Übergangsfähigkeit der verwaltungsrechtlichen Pflicht;
- *Nachfolgetatbestand:* Rechtsgrund für den Übergang der öffentlich-rechtlichen Pflicht.

aa) Nachfolgefähigkeit der verwaltungsrechtlichen Pflicht

Die Nachfolgefähigkeit der verwaltungsrechtlichen Pflicht setzt voraus, dass diese überhaupt übergehen kann. Nicht nachfolgefähig sind *höchstpersönliche Pflichten.*

Beispiel 61: Wehrpflicht; Schulpflicht.

Pflichten, die auch durch eine andere Person erfüllt werden können (*sog. vertretbare Pflichten*) und damit nicht höchstpersönlich sind, sind grundsätzlich übergangsfähig.

Beispiel 62: Erlass einer bauordnungsrechtlichen Beseitigungsverfügung, die im Wege der Ersatzvornahme durchgesetzt werden kann.

bb) Nachfolgetatbestand

Eine Vielzahl von Normen, nach denen Rechte und Pflichten von einer Person auf eine andere übergehen können, findet sich im *Zivilrecht*.

Beispiel 63: Übergang sowohl des Vermögens als auch der Schulden des Erblassers auf den Erben (§§ 1922,1967 BGB); Übertragung von Rechten auf einen Dritten durch einen Vertrag zwischen dem Gläubiger und dem Dritten (§§ 398 ff. BGB).

Im *Verwaltungsrecht* existieren demgegenüber Normen, die einen Nachfolgetatbestand enthalten, nur in *Einzelfällen*.

Beispiel 64: Gemäß § 75 II BauO NW gilt eine erteilte Baugenehmigung auch für und gegen den Rechtsnachfolger des Bauherrn.

cc) Rechtliche Voraussetzungen einer Rechtsnachfolge

Äußerst *umstritten* ist, unter welchen rechtlichen Voraussetzungen eine Rechtsnachfolge in die polizei- und ordnungsrechtliche Verantwortlichkeit anzunehmen ist. Im Einzelnen ergeben sich folgende Problemfelder:

- Nachfolge in die generelle, *abstrakte* Pflichtigkeit (*sog. materielle Ordnungspflicht*) oder in die durch Verwaltungsakt *konkretisierte* Pflicht?

- Nachfolge in Verhaltens- und/oder Zustandsverantwortlichkeit?

Aus der Unterscheidung Verhaltens- und Zustandsverantwortlichkeit auf der einen und Nachfolge in die abstrakte oder konkretisierte Pflicht auf der anderen Seite ergeben sich folgende Konstellationen der Rechtsnachfolge, die von Rechtsprechung und Literatur unterschiedlich beurteilt werden:

(1) Rechtsnachfolge in die abstrakte Ordnungspflicht

Bei der Rechtsnachfolge in die abstrakte, d.h. noch nicht durch VA konkretisierte Ordnungspflicht differenziert die *h.M.* wie folgt:

Die Rechtsnachfolge in die abstrakte Verantwortlichkeit wird bei der *Zustandshaftung* einhellig verneint. Begründet wird dies damit, dass die Zustandsverantwortlichkeit mit dem Verlust des Eigentums ende und nur den jeweiligen Eigentümer bzw. Sachherrn treffe. Bei der *Verhaltenshaftung* unterscheidet die *h.M.* weiter wie folgt: Eine Rechtsnachfolge wird bejaht, wenn es sich um eine *Gesamtrechtsnachfolge* handelt und wenn die Ordnungspflicht durch eine *vertretbare Handlung* erfüllt werden kann. Im Übrigen wird eine Rechtsnachfolge in die abstrakte Verhaltenshaftung abgelehnt.

(2) Rechtsnachfolge in die konkretisierte Ordnungspflicht

Von besonderer Bedeutung für die Klausur sind die Fälle der durch VA *konkretisierten Ordnungspflicht.* Nach *h.M.* ist die durch VA konkretisierte Ordnungspflicht grundsätzlich übergangsfähig. Im Einzelnen wird wie folgt differenziert:

Bei der *Zustandsverantwortlichkeit* ist die *Übergangsfähigkeit* der öffentlich-rechtlichen Pflicht nur dann nicht anzunehmen, wenn es sich um eine *höchstpersönliche* Pflicht handelt. *Umstritten* ist hingegen der *Rechtsgrund* des öffentlich-rechtlichen Pflichtenübergangs, also der die Nachfolge in die verwaltungsrechtliche Pflicht anordnende Tatbestand. Bei der *Gesamtrechtsnachfolge* können die zivilrechtlichen Vorschriften (z.B. §§ 1922, 1967 BGB; §§ 398ff. BGB) *analog* angewendet werden. Auch bei der *Einzelrechtsnachfolge* in eine Zustandshaftung bejaht die *h.M.* den Übergang der Ordnungspflicht; die Ordnungspflicht laste auch hier wie ein dingliches Recht auf der übertragenen Sache, so dass es einer Überleitungsnorm nicht bedürfe.

Bei der *Verhaltensverantwortlichkeit* hält die *h.M.* eine Rechtsnachfolge bei der *Gesamtrechtsnachfolge* – entsprechend der für die Zustandshaftung geltenden Grundsätze - für möglich. Sofern, wie im Regelfall, eine Überleitungsnorm nicht vorhanden ist, wird ein Übergang der Verhaltenshaftung bei der *Einzelrechtsnachfolge* überwiegend abgelehnt.

E. Rechtsfolgenseite: pflichtgemäßes Ermessen

Liegen die tatbestandlichen Voraussetzungen zum Erlass einer Verfügung zur Gefahrenabwehr vor, ist die *Rechtsfolgeentscheidung* in das *pflichtgemäße Ermessen* der Behörde gestellt.

I. Arten des Ermessens

Das Ermessen bezieht sich

- darauf, *ob* überhaupt eingeschritten werden soll *(Entschließungsermessen)* und
- auf das „*Wie*" der Maßnahme *(Auswahlermessen).* Die Ordnungsbehörden können zwischen *mehreren rechtmäßigen Maßnahmen* und unter Umständen zwischen *mehreren Störern* (Adressaten) wählen. Ein Ermessensfehlgebrauch liegt vor, wenn ein anderer Störer vorrangig in Anspruch zu nehmen oder eine andere Maßnahme vorrangig zu treffen war.

Klausurtipp: Das Auswahlermessen richtet sich in erster Linie nach der *Effektivität der Gefahrenabwehr*. Es ist also derjenige Störer bzw. diejenige Maßnahme auszuwählen, die eine schnelle, effektive und wirksame Gefahrenbeseitigung ermöglicht.

Beispiel: A baut ein Haus und beschädigt bei den Ausschachtungsarbeiten die Wurzeln eines Baumes, der auf dem Grundstück des benachbarten Eigentümers E steht. Der Baum stirbt ab und droht auf die Strasse zu stürzen. Wen kann die Ordnungsbehörde in Anspruch nehmen?

Lösung: A hat durch das Beschädigen der Wurzeln das Absterben des Baumes und damit die Gefahr verursacht. Er ist also *Verhaltensstörer* gemäß § 6 PolG **BaWü**; Art. 7 PAG **Bay**; § 13 ASOG **Berl**; § 5 PolG **Brbg** bzw. § 16 OBG **Brbg**; § 5 PolG **Brem**; § 8 SOG **HH**; § 6 SOG **Hess**; § 69 SOG **MV**; § 6 SOG **Nds**; § 17 OBG **NW** bzw. § 4 PolG **NW**; § 4 POG **RhPf**; § 4 PolG **Saarl**; § 4 PolG **Sachs**; § 7 SOG **SA**; § 218 LVwG **SH**; § 10 OBG **Thür** bzw. § 7 I PAG **Thür**. Der Eigentümer E ist als Eigentümer des Grundstücks *Zustandsstörer* gemäß § 7 PolG **BaWü**; Art. 8 PAG **Bay**; § 14 ASOG **Berl**; § 6 PolG **Brbg**; § 6 PolG **Brem**; § 9 SOG **HH**; § 7 SOG **Hess**; § 70 SOG **MV**; § 7 SOG **Nds**; § 5 PolG **NW**; § 18 OBG **NW**; § 5 POG **RhPf**; § 5 PolG **Saarl**; § 5 PolG **Sachs**;§ 8 SOG **SA**; § 219 LVwG **SH**; § 8 PAG **Thür**; § 11 OBG **Thür.** Ob A oder E für die Beseitigung des Baumes in Anspruch zu nehmen ist, richtet sich danach, wer von beiden laut Sachverhalt am schnellsten und effektivsten die Gefahr beseitigen kann.

In der Klausur ist wichtig, dass zunächst geprüft wird, ob die Behörde das ihr eingeräumte Ermessen überhaupt erkannt und dann erst, ob sie es richtig ausgeübt hat.

II. Ermessensgrenzen und Ermessensfehler

Eine rechtswidrige Ermessensentscheidung liegt gemäß § 40 VwVfG vor, wenn das Ermessen nicht ausgeübt wurde *(Ausfall)*, Ermessensgrenzen überschritten wurden *(Überschreitung)* oder wenn das Ermessen auf unsachgemäßen Erwägungen beruht *(Fehlgebrauch)*.

1. Ermessensausfall

Eine Ermessensentscheidung ist wegen *Ermessensausfalls* rechtswidrig, wenn die Behörde ihren Ermessensspielraum nicht oder nicht vollständig erkennt.

Beispiel 65: Die T ist begeisterte Tierschützerin und will den Erhalt von Tauben sichern. Sie streut daher auf ihrer Dachterrasse regelmäßig Futter, so dass mit der Zeit eine Taubenschwemme angezogen wird. Mehrere Nachbarn beschweren sich bei der zuständigen Ordnungsbehörde über das Verhalten der T. Sie begründen ihre Beschwerde damit, dass von Tauben bekanntermaßen Seuchen ausgehen. Man könne dies nicht hinnehmen, da vor allem viele Kinder in der Nachbarschaft wohnten. Die Ordnungsbehörde teilt den Nachbarn mit, dass sie nichts gegen T unternehmen könne. Es sei Sache der Nachbarn, dieses Problem mit T direkt zu klären; sie als Ordnungsbehörde könne in diesem Fall nichts veranlassen. Die Nachbarn sind hierüber empört. Hat die Ordnungsbe-hörde rechtmäßig gehandelt? *Hinweis:* Bei der Lösung ist davon auszugehen, dass die tatbestandlichen Voraussetzungen der Ermächtigungsgrundlage erfüllt sind.

Lösung: Eine Befugnis der zuständigen Behörde, gegen das Verhalten der T einzuschreiten, ergibt sich aus der Generalklausel (§§ 1, 3 PolG **BaWü**; Art. 11 I PAG **Bay**; § 17 I ASOG **Berl**; § 10 I PolG **Brbg** bzw. § 13 I OBG **Brbg**; § 10 I PolG **Brem**; § 3 I SOG **HH**; § 11 SOG **Hess**; § 13 SOG **MV**; § 11 SOG **Nds**; § 14 I OBG **NW**; § 9 I POG **RhPf**; § 8 I PolG **Saarl**; § 3 I PolG **Sachs**; § 13 SOG **SA**; § 174 LVwG **SH**; § 12 I PAG **Thür** bzw. § 5 I OBG **Thür**). Danach *können* die Ordnungsbehörden die notwendigen Maßnahmen treffen, um eine Gefahr für die öffentliche Sicherheit und Ordnung abzuwehren. Der Ordnungsbehörde war somit bei ihrer Entscheidung ein Ermessensspielraum eingeräumt. Zunächst hatte die Behörde nach pflichtgemäßem Ermessen darüber zu entscheiden, ob sie überhaupt gegen T vorgehen muss *(= Entschließungsermessen)*. Die Ordnungsbehörde ging hier irrigerweise davon aus, nicht handeln zu müssen, so dass faktisch eine gebundene Entscheidung erging. Die einschlägige Ermächtigungsgrundlage sieht hingegen ausdrücklich eine einzelfallbezogene Ermessensentscheidung vor. Es liegt somit ein *Ermessensnichtgebrauch* vor. Die Entscheidung der Ordnungsbehörde verstößt gegen § 40 VwVfG und ist rechtswidrig.

2. Ermessensüberschreitung

Eine *Ermessensüberschreitung* ist anzunehmen, wenn die Behörde eine von der gesetzlichen Rechtsfolge nicht gedeckte Maßnahme trifft.

Beispiel 66: Die Behörde verlangt eine Gebühr von 50,00 Euro, obwohl nach der einschlägigen Gebührenordnung nur eine Gebühr von 20,00 bis 40,00 Euro erhoben werden kann.

3. Ermessensfehlgebrauch

Ein *Ermessensfehlgebrauch* ist gegeben, wenn die Entscheidung auf unsachgemäßen Erwägungen beruht.

Beispiel 67: Wieder geht es um die Tierschützerin T. Die Ordnungsbehörde hat inzwischen erkannt, dass sie wegen des Taubenfütterns tätig werden muss. Der zuständige Sachbearbeiter S hat mit T noch eine „Rechnung offen" und nutzt die Gelegenheit, ihr „eins auszuwischen", indem er ihr nicht nur das Taubenfüttern untersagt, sondern darüber hinaus ihren Dackel D mitnimmt. Obwohl es keinerlei Anhaltspunkte dafür gibt, behauptet S, dass das Tier völlig verwahrlost und T ungeeignet sei, dieses zu versorgen. Das habe sie schließlich im Umgang mit den Tauben unter Beweis gestellt. S hat sich bei seiner Entscheidung, die er auf die Generalklausel stützt, von persönlichen Motiven und damit von sachfremden Erwägungen leiten lassen. Dies entspricht nicht dem Zweck der Ermächtigungsgrundlage. Es liegt ein *Ermessensfehlgebrauch* vor.

III. Ermessensreduktion auf Null

Die aus der Einräumung des Ermessens folgenden Wahlmöglichkeiten der Gefahrenabwehrbehörde können aus tatsächlichen und/oder rechtlichen Gründen wegfallen, so dass nur noch eine Handlungsmöglichkeit besteht, *sog. Ermessensreduktion auf Null.* In diesem Fall ist nur noch *eine* Entscheidung ermessensfehlerfrei, alle anderen wären ermessensfehlerhaft. Die Gefahrenabwehrbehörde ist dann verpflichtet, diese eine verbleibende Möglichkeit zu wählen.

Beispiel 68: Bei der Polizei der Gemeinde G geht zwei Tage vor Weihnachten ein anonymer Anruf ein; der Anrufer droht damit, als Zeichen gegen den „Konsumwahnsinn" das in der Innenstadt gelegene Kaufhaus mit einem Sprengsatz in die Luft zu jagen. Dass dabei etliche Menschen in den Tod gerissen würden, ließe sich nicht vermeiden. Eine Woche zuvor hatte derselbe Anrufer schon einmal damit gedroht, das Kaufhaus in die Luft zu sprengen. Nach diesem Anruf hatte man kurzfristig das Kaufhaus räumen lassen und die gesamte Innenstadt gesperrt; die Drohung hatte sich anschließend als „Bluff" erwiesen. Um eine erneute unnötige Räumung des Kaufhauses zu vermeiden und damit dem Betreiber das Weihnachtsgeschäft zu zerstören, entscheidet die Polizei, zunächst abzuwarten und keine Maßnahmen zu ergreifen, da es sich bei dem Anruf eindeutig um einen weiteren üblen Streich handele. Hat die Polizei richtig entschieden?

Lösung: Durch den angedrohten Einsatz eines Sprengsatzes ist Leib und Leben einer Vielzahl von Personen und damit ein Schutzgut von besonders hohem Rang gefährdet. Die Polizei hat in diesem Fall nicht die Wahl, *ob* sie einschreitet, d.h. ihr *Entschließungsermessen* ist auf Null reduziert. Hinsichtlich der konkreten Mittel steht ihr weiterhin ein *Auswahlermessen* zu.

Rechtmäßigkeit eines VA im POR
A. Ermächtigungsgrundlage (EGL) • Spezialgesetz • Standardmaßnahme • Generalklausel
B. Formelle Rechtmäßigkeit • Handeln der zuständigen Behörde (sachlich, örtlich, instanziell) • Beachtung der Formvorschriften (z.B. Schriftform) • Beachtung der Verfahrensvorschriften, insbes. Anhörung
C. Materielle Rechtmäßigkeit I. Vorauss. der EGL: Gefahr für öff. Sicherheit/Ord. (Generalklausel) II. Störereigensch. d. Adressaten (Verhaltens-, Zustands-, Nichtstörer) III. Keine Ermessensfehler (Entschließungs- und Auswahlermessen) • Ggf. Ermessensreduzierung auf Null bei Gefahr für Leben etc. IV. Verhältnismäßigkeit der Maßnahme V. Möglichkeit der Handlungspflichterfüllung

▸ Literatur

📖 **Standardfälle Polizei- und Ordnungsrecht**

📖 Schoch, **JuS** 1994, 391;479,570,667; 754; 849; 932,1026; **JuS** 1995, 30; 215; 307; 504 (Top-Grundlagenwissen)

📖 Erichsen/Wernsmann, **Jura** 1995, 219 (Grundfälle)

📖 Ladeur/Prelle, **Jura** 2000, 138 (Top-POR-Klausur)

📖 Jobs, **JA** 1998, 135 (Klausur: Auswahl bei Störermehrheit)

Zweiter Teil: Das Versammlungsrecht

Die *Versammlungsfreiheit* ist grundgesetzlich garantiert: „Alle Deutschen haben das Recht, sich ohne Anmeldung oder Erlaubnis friedlich und ohne Waffen zu versammeln“, Art. 8 I GG. Das Gesetz über Versammlungen und Aufzüge (VersammlG) konkretisiert in verfassungsrechtlich zulässiger Weise den Gesetzesvorbehalt des Art. 8 II GG.

Seit dem Inkrafttreten der Föderalismusreform besteht keine Gesetzgebungskompetenz des Bundes mehr für das Versammlungsgesetz. Die Vorschriften des VersammlG gelten aber so lange fort, wie sie nicht durch Landesrecht ersetzt worden sind, vgl. Art. 125a I GG.

Dieses Skript erläutert ausschließlich das bisherige **VersammlG des Bundes**. Sie sollten vorab prüfen, ob in Ihrem Bundesland zwischenzeitlich bereits ein Landes-Versammlungsgesetz erlassen wurde wie etwa in *Bayern, Sachsen-Anhalt und Niedersachsen.* Diese inhaltlich oft stark am VersammlG des Bundes orientierten Versammlungsgesetze der Länder verfolgen mit ihren Ordnungsanforderungen, die insbesondere die Anmeldung zu einer Versammlung und deren Ablauf betreffen, ebenfalls das Ziel, der *Entstehung von Gefahren vorzubeugen.*

A. Spezialität des Versammlungsgesetzes

Das VersammlG ist als *lex specialis* gegenüber dem allgemeinen Polizei- und Ordnungsrecht zu qualifizieren, soweit es um die Abwehr gezielter Eingriffe in die Versammlungsfreiheit, d.h. *versammlungstypischer Gefahren* geht. Für Maßnahmen zur Abwehr versammlungstypischer Gefahren gilt insoweit der Vorrang des Versammlungsgesetzes; Eingriffe in das Versammlungsrecht (sofern das Versammlungsgesetz nicht anwendbar ist auf der Grundlage des allgemeinen Polizei- und Ordnungsrechts) sind nicht möglich. Man spricht in diesem Zusammenhang auch von der „Polizeifestigkeit“ des VersammlG. Allerdings ist das VersammlG lückenhaft, so dass bei bestimmten Fragen ein Rückgriff auf die allgemeinen Regeln denkbar ist.

Zur Abwehr von Gefahren, die nicht spezifisch aus dem Stattfinden der Versammlung resultieren, also dem Schutz von Teilnehmern an einer Versammlung vor anderweitigen Gefahren, können Maßnahmen und Regelungen außerhalb des Anwendungsbereichs des VersammlG getroffen werden.

Beispiel 69: Maßnahmen nach dem Bauordnungsrecht, Gesundheitsrecht, Umweltrecht.

B. Eingriffsbefugnisse der Behörden

Die Eingriffsmöglichkeiten der Behörde orientieren sich an der Art der Versammlung. Je nachdem, mit welcher Versammlung man es zu tun hat, kommen ganz unterschiedliche Eingriffsmöglichkeiten in Betracht. Es werden *öffentliche* und *nichtöffentliche* Versammlungen sowie Versammlungen *unter freiem Himmel* und in *geschlossenen Räumen* unterschieden. Systematisch betrachtet sind also vier Arten von Versammlungen zu unterscheiden:

- die öffentliche Versammlung unter freiem Himmel
- die nichtöffentliche Versammlung unter freiem Himmel
- die öffentliche Versammlung in geschlossenen Räumen
- die nichtöffentliche Versammlung in geschlossenen Räumen.

I. Begriffe

Für die Lösung versammlungsrechtlicher Klausuren ist die Kenntnis folgender Begriffe notwendige Voraussetzung:

1. Der Begriff der Versammlung

Eine *Versammlung* i. S. d. § 1 VersammlG liegt vor, wenn mehrere Personen zusammenkommen, um gemeinsam eine Meinung zu bilden oder zu äußern. Für den Begriff der Versammlung sind daher folgende Merkmale kennzeichnend:

- Mehrheit von Personen

Nach überwiegender Auffassung reichen bereits *zwei* Personen aus, während die Gegenansicht mindestens *drei* Personen verlangt;

- Gemeinsamer Zweck

dieses Begriffsmerkmal dient der Abgrenzung zur bloßen *Ansammlung*, d.h. dem rein zufälligen Zusammenkommen mehrerer Personen.

Beispiel 70: Wenige Tage vor der Kommunalwahl versucht die P-Partei mit einem Informationsstand in der Innenstadt der Gemeinde G, noch einmal auf „Stimmenfang" zu gehen. Nach und nach bildet sich um den Stand herum eine riesige Menschenmenge: etliche Kinder versuchen Bonbons und Luftballons zu ergattern, die kostenlos verteilt werden, außerdem werden immer mehr Passanten von den frischen Waffeln angezogen, die kostenlos an dem Stand verteilt werden. Als ein Passant mit dem Fraktionsvorsitzenden der P-Partei in ein lautstarkes Streitgespräch gerät, eilt der Polizist P herbei, um die Menschenmenge an dem Informationsstand aufzulösen. Zur Begründung führt er gegenüber den erbosten Passanten an, dass die Versammlung an dem Informationsstand offensichtlich zu eskalieren drohe und er diese zur Vermeidung von Gefahren für die öffentliche Sicherheit auflösen müsse (§ 15 III VersammlG). Ist die Entscheidung des P rechtmäßig?

Lösung: Voraussetzung für eine Maßnahme gem. § 15 III VersammlG ist, dass es sich überhaupt um eine Versammlung i. S. d. § 1 I VersammlG handelt. Problematisch ist das Merkmal des gemeinsamen Zwecks. Die Personen sind aus unterschiedlichen Gründen am Informationsstand der P-Partei zusammengekommen, und haben sich nicht etwa eingefunden, um eine gemeinsame Meinung kundzutun. Es handelt sich bei der Menschenmenge daher lediglich um eine zufällige Ansammlung; es wird kein gemeinsamer Zweck verfolgt. Eine Versammlung i. S. d. § 1 I VersammlG liegt damit nicht vor, so dass die Entscheidung des P, die Menschenmenge gem. § 15 III VersammlG aufzulösen, rechtswidrig ist.

Kennzeichen einer Versammlung	
Mehrheit von Personen	**Gemeinsamer Zweck**
Nach überwiegender Auffassung mindestens zwei Personen; nach a. A. mindestens drei	Abgrenzung zur bloßen „Ansammlung"

2. Der Begriff der „öffentlichen" Versammlung

Der Anwendungsbereich des VersammlG ist auf sog. *öffentliche* Versammlungen beschränkt (außer den §§ 3 und 28, Uniformverbot), denn § 1 I VersammlG lautet: „Jedermann hat das Recht, öffentliche Versammlungen und Aufzüge zu veranstalten und an solchen Veranstaltungen teilzunehmen." Das Merkmal der *öffentlichen* Versammlung ist in zweifacher Hinsicht von Bedeutung, nämlich bezogen

- auf den zugelassenen Personenkreis;

eine Versammlung ist nur dann öffentlich, wenn sie für *Jedermann* zugänglich ist. Keine öffentlichen Versammlungen sind daher Veranstaltungen mit beschränktem Teilnehmerkreis.

Beispiel 71: Veranstaltet die P-Partei in der Stadthalle der Gemeinde G einen Parteitag, handelt es sich hierbei nicht um eine *öffentliche* Versammlung. Die Teilnahme am Parteitag ist lediglich den Parteimitgliedern und darüber hinaus geladenen Personen und damit nur einem beschränkten Teilnehmerkreis, nicht hingegen „Jedermann" vorbehalten.

- den verfolgten Zweck;

„Öffentlich" i. S. d. VersammlG sind nur solche Versammlungen, die sich mit *öffentlichen Angelegenheiten* befassen. Folgende Veranstaltungen befassen sich nicht mit öffentlichen Angelegenheiten und unterfallen daher nach h.M. nicht dem VersammlG:

- Kulturelle, wissenschaftliche oder private Veranstaltungen

Beispiel 72: Straßenfeste, Klassentreffen;

- Nichtkommunikative Veranstaltungen

Beispiel 73: Konzerte, Fußballspiele.

3. Versammlungsbegriff des Art. 8 GG

Der Versammlungsbegriff nach dem VersG ist nicht deckungsgleich mit dem Versammlungsbegriff nach dem Grundgesetz: Art. 8 GG schützt nur Versammlungen *Deutscher* (Versammlungen von Ausländern sind grundrechtlich nur durch Art. 2 I GG garantiert), während das VersammlG *„Jedermann“*, also auch Versammlungen von Ausländern erfasst.

Die Versammlung ist nach Art. 8 GG nur geschützt, wenn sie *friedlich und ohne Waffen* abläuft. Aus Gründen der Gefahrenabwehr muss das VersammlG auch solche Versammlungen reglementieren (vgl. § 5 Nr. 2 u.3, § 13 I Nr. 2 u. 3, § 27 VersammlG). Schließlich bestehen Unterschiede hinsichtlich des mit der Versammlung verfolgten Zwecks: Der Versammlungsbegriff ist im Grundgesetz nicht definiert; über die Anforderungen an den gemeinsamen, innerlich verbindenden Zweck besteht Streit. Es lassen sich drei Versammlungsbegriffe unterscheiden:

- Der *weiteste Begriff* nimmt eine Versammlung bereits dann an, wenn sich mehrere Personen in Verfolgung irgendeines beliebigen Zweckes zusammenfinden. Dieser Zweck kann auch in der bloßen Ausübung von Freizeitinteressen bestehen.

- Nach dem *sog. erweiterten Versammlungsbegriff* muss der gemeinsame, die Teilnehmer innerlich verbindende Zweck der Zusammenkunft gerade darin bestehen, eine Meinung zu bilden oder zu äußern. Ein Öffentlichkeitsbezug wird nicht gefordert.

- Der vom BVerfG vertretene, *enge Versammlungsbegriff* verlangt eine Meinungsbildung und –bekundung gerade im Zusammenhang des öffentlichen, politischen Meinungsbildungsprozesses. Danach ist der Versammlungsbegriff auf Veranstaltungen begrenzt, die durch eine gemeinschaftliche, auf Kommunikation angelegte Entfaltung mehrerer Personen gekennzeichnet sind mit dem Ziel der Teilhabe an der öffentlichen Meinungsbildung.

Beispiel 74: *Umstritten* ist die Einordnung der sog. „Love-Parade“. Das BVerfG bestätigte eine Entscheidung des OVG Berlin (BVerfG, DÖV 2001, 907) mit dem Inhalt, dass diese Veranstaltungen keine Versammlungen i. S. d. Art. 8 GG sind und damit keinen grundgesetzlichen Schutz genießen. Die Zurschaustellung eines Lebensgefühls, auch wenn sie dem Mehrheitsgeschmack entsprechen sollte, sei keine Versammlung mit dem Ziel der Teilhabe an einer öffentlichen Meinungsbildung. Hier überwiege der Charakter einer öffentlichen Massenparty und Vergnügungsveranstaltung. Die „Fuckparade 2001“ wurde jedoch vom BVerwG im Mai 2007 anerkannt als Versammlung im Sinne des Versammlungsgesetzes.

Beispiel 75: Die Nachwuchsrockgruppe R möchte in der Stadthalle der Gemeinde G ein Konzert veranstalten. Da die Gruppe R sich inzwischen lokal etabliert hat, werden einige hundert Fans erwartet. Die R ist vor allem durch ihre politisch motivierten Texte bekannt geworden. Handelt es sich bei dem Konzert um eine Versammlung i. S. d. Art 8 GG?

Lösung: Unter einer Versammlung i. s. d. Art. 8 GG ist die Zusammenkunft mehrerer Personen zu einem gemeinsamen Zweck zu verstehen. Welchen Zweck die Personen verfolgen müssen, ist *umstritten*, es werden hierzu drei Auffassungen vertreten.

Nach dem *weitesten Versammlungsbegriff* genügt jeder beliebige Zweck. Das Anhören von Musik würde nach dieser Ansicht als gemeinsamer Zweck genügen, so dass hiernach eine Versammlung vorläge.

Nach dem *sog. erweiterten Versammlungsbegriff* muss der gemeinsame, die Teilnehmer innerlich verbindende Zweck der Zusammenkunft gerade darin bestehen, eine Meinung zu bilden oder zu äußern. Ein Öffentlichkeitsbezug wird nicht gefordert. Wenn man den Zuhörern gerade bei einer Nachwuchsrockgruppe ein kommunikatives Anliegen i. w. S. zugesteht, wäre nach diesem Versammlungsbegriff eine Versammlung zu bejahen.

Nach dem vom BVerfG vertretenen, *engen Versammlungsbegriff* liegt hingegen keine Versammlung vor. Diese Auffassung verlangt eine Meinungsbildung und –bekundung gerade im Zusammenhang des öffentlichen, politischen Meinungsbildungsprozesses. Bei der Teilnahme an dem von der Gruppe R veranstalteten Rockkonzert fehlt es an der Teilhabe an der öffentlichen Meinungsbildung; es überwiegt der Vergnügungscharakter der Veranstaltung.

4. Der Begriff der Versammlung „unter freiem Himmel“

Als Versammlungen *„unter freiem Himmel“* versteht man solche, die nicht durch feste Außenwände von der Umwelt abgegrenzt werden. Entscheidend für die Abgrenzung der Versammlungen in geschlossenen Räumen zu solchen unter freiem Himmel ist deshalb die *seitliche Begrenzung*, nicht der Schutz nach oben. Es ist ohne weiteres nachvollziehbar, dass das Gefahrenpotenzial für Rechtsgüter Dritter erheblich größer ist als bei einer Versammlung in geschlossenen Räumen. Versammlungen unter freiem Himmel unterliegen daher einem verstärkten behördlichen Zugriff.

Beispiel 76: Versammlungen unter freiem Himmel sind: die Großdemonstration gegen das Atomkraftwerk in Brokdorf; eine Wahlkampfveranstaltung auf einem Marktplatz; als umschlossener Raum ausreichend ist ein Zelt, wenn es nur durch besondere Eingänge betreten werden kann sowie ein von Mauern umgebener Innenhof, auch wenn dieser nicht überdacht ist.

II. Eingriffsbefugnisse für öffentliche Versammlungen unter freiem Himmel

Bei Eingriffen der Behörde in Versammlungen unter freiem Himmel handelt es sich um den typischen Anwendungsbereich des VersammlG. Zu differenzieren ist zwischen Maßnahmen

- nur gegen einzelne Versammlungsteilnehmer oder
- gegen die gesamte Versammlung.

Insgesamt stehen der Behörde vier Eingriffsmöglichkeiten zur Verfügung, die nachfolgend erläutert werden.

1. Maßnahmen gegenüber einzelnen Versammlungsteilnehmern, die sich innerhalb der Versammlung unfriedlich verhalten, sog. interne Störer

Das BVerfG hat in seiner grundlegenden *Brokdorf-Entscheidung (vgl. E 69, 315)* darauf hingewiesen, dass vor einschneidenden Maßnahmen gegen die gesamte Veranstaltung, die den friedlichen Teilnehmern die Chance einer Grundrechtsausübung abschneiden würde, vorrangig Maßnahmen der „Isolierung einzelner Teilnehmer" vorzunehmen sind. Als Rechtsgrundlagen kommen dann in Betracht:

- § 17 a IV VersammlG:

Die Behörde kann zur Durchsetzung des Schusswaffen- und Vermummungsverbotes Anordnungen treffen. Sie kann insbesondere

Personen, die diesen Verboten zuwiderhandeln, von der Veranstaltung ausschließen;

- § 18 III VersammlG:

Bei Versammlungen unter freiem Himmel kann die Behörde Teilnehmer, welche die Ordnung gröblich stören, von der Versammlung ausschließen;

- § 19 IV VersammlG:

Die Polizei kann bei Aufzügen Teilnehmer, welche die Ordnung gröblich stören, von dem Aufzug ausschließen.

Das Vorgehen gegen einzelne teilnehmende Personen als „interne Störer" ist auch unter dem Gesichtspunkt des *Verhältnismäßigkeitsgrundsatzes* geboten, der Verfassungsrang besitzt. Erst danach ist an eine Auflösung der Versammlung, sei es teilweise oder ganz, zu denken. Das BVerfG betont in der oben genannten Brokdorf-Entscheidung, dass für die friedlichen Teilnehmer einer Versammlung der von der Verfassung jedem Staatsbürger gewährte Schutz der Versammlungsfreiheit auch dann erhalten bleiben muss, wenn es durch einzelne Demonstranten oder Minderheiten zu Ausschreitungen kommt.

An dieser Stelle ist in der Klausur regelmäßig die schwierige Abgrenzung zwischen einem unfriedlichen Teilnehmer und einem Teilnehmer zu prüfen, der kritisch oder ablehnend der in der Versammlung verkündeten Meinung gegenübersteht und dies mit kommunikativen Mitteln zum Ausdruck bringt. Auch die kritische Teilnahme an einer Versammlung gehört zur Versammlung, wenn die Kritik oder Ablehnung der in der Versammlung verkündeten Meinung mit kommunikativen Mitteln zum Ausdruck gebracht wird.

2. Maßnahmen gegen die Versammlung an sich

Das Gesetz stellt drei Handlungsalternativen zur Verfügung, die sich gegen die Versammlung an sich richten:

- Eine Versammlung kann *verboten* werden (§ 15 I VersammlG) oder

- von bestimmten *Auflagen* abhängig gemacht werden (§ 15 I VersammlG) oder

- *aufgelöst* werden (§ 15 III VersammlG).

a) Auflösung (§ 15 III VersammlG)

Der Verhältnismäßigkeitsgrundsatz und der hohe Rang der Versammlungsfreiheit gebieten es, sehr zurückhaltend von den Handlungsmöglichkeiten des § 15 III VersammlG Gebrauch zu machen. Das BVerfG führt hierzu in seinem Brokdorf-Beschluss aus, dass bevorzugt eine nachträgliche Auflösung zu erwägen ist. Dies bedeutet, dass die Behörde nicht präventiv in die Versammlungsfreiheit eingreifen darf, sondern die Versammlung zunächst einmal stattfinden lassen muss.

Unter einer Auflösung ist die Untersagung nach Beginn der Veranstaltung durch eine Auflösungsverfügung (= gestaltender VA) zu verstehen, verbunden mit der Aufforderung an alle Teilnehmer, sich zu entfernen (§ 13 II, § 18 I VersammlG). Mittels Lautsprecherdurchsage teilt die Vollzugspolizei dies den Versammlungsteilnehmern mit (vgl. KG Berlin, NVwZ 2000, 468 (470) (Berliner Kessel)). Die Teilnehmer sind verpflichtet, sich zu entfernen und können sich nicht mehr auf die durch Art. 8 GG garantierte Versammlungsfreiheit berufen; die Versammlung wird zur bloßen *Ansammlung.* In diesem Zusammenhang ist zu beachten, dass die Versammlungsteilnehmer auch eine *rechtswidrige Auflösung* dulden müssen. Die Pflicht, sich von einer aufgelösten Versammlung zu entfernen, kann nicht von der Rechtmäßigkeit der Auflösungsverfügung abhängig gemacht werden.

Rechtsgrundlage für die Auflösung einer „öffentlichen Versammlung unter freiem Himmel" ist § 15 III VersammlG. Danach kann die Behörde die Versammlung oder den Aufzug auflösen, wenn

- sie nicht angemeldet ist, oder
- von den Angaben der Anmeldung abgewichen wird, oder
- den Auflagen zuwidergehandelt wird, oder
- die Voraussetzungen zu einem Verbot nach § 15 I oder § 15 II VersammlG vorliegen.

Der *Tatbestand* der Norm bietet somit vier Alternativen an, während die *Rechtsfolgenseite* der Behörde einen Ermessensspielraum einräumt („kann“).

Praktisch gesehen stehen der Behörde nur die beiden letztgenannten Alternativen zur Verfügung. Die Auflösung einer Versammlung wegen fehlender Anmeldung oder wegen Abweichens von den Angaben der Anmeldung ist wegen der Festlegung in Art. 8 I GG sehr problematisch. Dagegen ist eine Auflösung bei Nichteinhaltung von Auflagen denkbar.

Der in der Praxis bedeutsamste Fall ist die Auflösung einer Versammlung bei Vorliegen der Voraussetzungen zu einem Verbot nach § 15 I VersammlG. Hierbei ist zu beachten, dass die Behörde gegen die Versammlung an sich vorgeht, d.h. gegen alle Teilnehmer, nicht hingegen nur gegen einzelne Teilnehmer. Daher ist dem Ausschluss einzelner Teilnehmer stets der Vorrang einzuräumen.

Gem. § 15 IV VersammlG ist eine verbotene Veranstaltung aufzulösen.

b) Auflagen

Versammlungen unter freiem Himmel können nach § 15 I VersammlG von „bestimmten Auflagen“ abhängig gemacht werden. Hierbei handelt es sich nicht um Auflagen i. S. d. § 36 II Nr. 4 VwVfG. Diese setzen einen Haupt-VA voraus, der bei Versammlungen unter freiem Himmel nicht vorliegt: nach § 14 VersammlG besteht zwar eine Anmeldepflicht, doch ist die Versammlung *nicht erlaubnispflichtig.* Dementsprechend handelt es sich bei den Auflagen um selbstständige Maßnahmen, die dem Veranstalter einer Versammlung ein bestimmtes Tun, Dulden oder Unterlassen aufgeben. Der Erteilung einer Auflage wird der Vorrang gegenüber dem Erlass einer Verbotsverfügung eingeräumt. Es handelt sich hierbei um einen präventiven Eingriff in die Versammlungsfreiheit, der nicht so schwer wiegt wie ein Totalverbot.

Beispiel 77: Räumliche Beschränkungen, etwa auf einen Stadtteil *(vgl. VGH Bad.-Württ., NVWZ-RR 1994, 87 (89); VG Hamburg, NJW 2001, 2115)*; eine Festlegung des zeitlichen Endes einer Versammlung *(vgl. BVerfG, NVwZ 2000, 1406; NJW 2000, 3053)*; das Untersagen des Mitführens von Fackeln und Trommeln sowie des Marschierens in ordnung“ *(vgl. BVerfG DVBL. 2000, 1121 (1122) und NVwZ 20 OVG Berlin, NVwZ 2000, 1201 (1202)).*

Was die *Tatbestandsvoraussetzungen* einer Auflagenerteilung anbelangt, wird auf die Ausführungen weiter unten unter c) zum „Verbot“ der Versammlung verwiesen. Eine Auflage kann – als milderes Mittel gegenüber einem Verbot – insbesondere dann erteilt werden, wenn „nur“ die öffentliche Ordnung gefährdet ist.

Nach Bejahung des Tatbestandes wird die Entscheidung zur Erteilung einer Auflage auf der *Rechtsfolgenseite* von der Behörde nach *pflichtgemäßem Ermessen* getroffen („kann“).

c) Verbot

Bei einer unmittelbaren Gefährdung der öffentlichen Sicherheit oder Ordnung kann die Versammlung *vor ihrem Beginn* verboten werden. Das Versammlungsverbot gilt als *„ultima ratio“* für den Fall, dass eine Auflagenerteilung als milderes Mittel ausscheidet, da es sich hierbei um eine außergewöhnliche und schneidende Maßnahme sowie einen weitreichenden Eingriff handelt.

Klausurtipp: Da ein Versammlungsverbot nur sinnvoll ist, wenn gleichzeitig die sofortige Vollziehung gem. § 80 II S. 1 Nr. 4, III VwGO angeordnet wird, kann Gegenstand der Klausur eine Eilentscheidung gem. § 80 V VwGO sein.

Auf der *Tatbestandsseite* setzt das Verbot einer Versammlung voraus, dass „nach den zur Zeit des Erlasses der Verfügung erkennbaren Umständen die öffentliche Sicherheit oder Ordnung bei Durchführung der Versammlung unmittelbar gefährdet ist“; die *Rechtsfolgeentscheidung* ist auch hier in das Ermessen der Behörde gestellt („kann“).

aa) Tatbestand

Der Tatbestand des § 15 I VersammlG verlangt eine *„unmittelbare Gefahr für die öffentliche Sicherheit oder Ordnung“*; bezüglich der unbestimmten Rechtsbegriffe kann auf das allgemeine Polizei- und Ordnungsrecht, insbesondere die Generalklauseln, zurückgegriffen werden. Bedenken gegen das Bestimmtheitsgebot ergeben sich in diesem Zusammenhang nicht, da die Begriffe der öffentlichen Sicherheit und Ordnung durch die Rspr. hinreichend konkretisiert sind.

Das Erfordernis einer *„unmittelbaren"* Gefährdung setzt eine *Gefahrenprognose* voraus; bloßer Verdacht oder Vermutungen reichen nicht aus. Zwischen der Gefährdung der öffentlichen Sicherheit oder Ordnung und der Durchführung der Versammlung muss ein hinreichend bestimmter Kausalzusammenhang bestehen. Von der Versammlung müssen erhebliche Gefahren für Leib oder Leben ausgehen oder Beschädigungen von Sachen mit erheblichem Wert drohen (BVerfG, NJW 2000, 3053 (3055)). Es reicht nicht aus, sich auf frühere eventuell unfriedliche Versammlungen des gleichen Veranstalters zu berufen.

bb) Rechtsfolge

Nach Bejahung des Tatbestandes ist die in § 15 I VersG festgelegte *Rechtsfolge* „kann" zu prüfen, d.h. die Entscheidung steht in pflichtgemäßem Ermessen der Behörde. Da die spezialgesetzliche Regelung des § 15 I VersammlG keine Hinweise zur Ermessensausübung enthält, ist auch hier auf das allgemeine Polizei- und Ordnungsrecht zurückzugreifen.

Insbesondere ist der **Verhältnismäßigkeitsgrundsatz** zu beachten; wegen der hohen Bedeutung der Versammlungsfreiheit kommt das Versammlungsverbot nur als letzte Maßnahme („ultima ratio") in Betracht. Vorrangig ist also auf die bereits besprochenen weniger belastenden Eingriffe - der Ausschluss einzelner Teilnehmer, die Auflösung der Versammlung oder die Erteilung von Auflagen - zurückzugreifen.

3. Anmeldepflicht

§ 14 I VersammlG (lesen!) verlangt die *Anmeldung* einer öffentlichen Versammlung unter freiem Himmel spätestens 48 Stunden vor der Bekanntgabe (Einladung, Aufruf etc.) bei der zuständigen Behörde. Die Abhaltung einer Versammlung ohne vorgeschriebene Anmeldung ist sogar nach § 26 Nr. 2 VersammlG (lesen!) strafbar. Es handelt sich bei der Anmeldung *nicht um einen Genehmigungsantrag*, diese dient lediglich als *Anzeige der Veranstaltung* zum Zwecke der Information der Behörde.

Da Art. 8 I GG (auch) das Recht garantiert, eine Versammlung *ohne Anmeldung* durchzuführen, ist die Anmeldepflicht verfassungsrechtlich bedenklich, aber vertretbar, wenn man das vorrangige verfassungsrechtliche Interesse der Anmeldung berücksichtigt: dieses besteht darin, dass die Anmeldung es der Behörde ermöglicht, die unvermeidlich eintretende Kollision mit Rechten Dritter auszugleichen, etwa durch entsprechende Verkehrsregelungen einen störungsfreien Ablauf der Versammlung sicherzustellen. Auch kann auf diese Weise die Versammlung an sich geschützt werden, indem z.B. Gegendemonstrationen verhindert werden *(vgl. BVerfG, NJW 1985, 2395 (2399); 2001, 1411 (1412); 2001, 2078, 2079; ThürOVG, DÖV 1998, 123 (126); VGH Bad.-Württ., NVwZ 1994, 87 (89)).*

Problemfeld: Eil- und Spontanversammlungen

Besonders klausurrelevant sind sog. *Eil- und Spontanversammlungen.* Eine *Eilversammlung* ist anzunehmen, wenn eine geplante Versammlung aus aktuellem Anlass kurzfristig einberufen wird. In diesem Fall ist die Zeit bis zur Durchführung kürzer als die in § 14 I VersammlG vorgesehene 48-Stunden-Frist. Das *BVerfG (vgl. BVerfG, NJW 1992, 890)* hält für den Veranstalter einer Eilversammlung zwar an der Anmeldepflicht fest, befreit diesen aber von der Einhaltung der 48-Stunden-Frist grundsätzlich ohne Einladung und Versammlungsleiter (vgl. §§ 7, 8, § 11 I, § 14 II, § 19 VersammlG). Die Anmeldefrist beginnt also mit dem Entschluss, die Versammlung zu veranstalten.

Beispiel 78: Durch die Presse wurde bekannt, dass ein Transport mit radioaktivem Material geplant war, welches in der Gemeinde G zwischengelagert werden sollte. Der Transport sollte am 20.05. am Bahnhof in G eintreffen. Atomgegner hatten einige Tage vorher damit begonnen, eine Demonstration gegen den Transport zu organisieren. Die Vorbereitungen waren am 18.05. abgeschlossen; die Demonstration sollte am 19.05. der zuständigen Behörde angemeldet werden. Entgegen der Vorankündigung traf der Transport tatsächlich bereits am 19.05. in G ein. Die Demonstranten fanden sich wie geplant am Bahnhof in G ein, allerdings ohne vorher noch die nach § 14 VersammlG vorgesehene Anmeldung durchführen zu können. Die Polizei löst die Demonstration auf, da die hierfür erforderliche Anmeldung fehle. Zu Recht?

Lösung: Als Rechtsgrundlage für die Auflösung kommt § 15 III VersammlG in Betracht. Danach kann eine öffentliche Versammlung unter freiem Himmel unter anderem dann aufgelöst werden, wenn sie nicht angemeldet ist. Nach § 14 VersammlG muss eine öffentliche Versammlung unter freiem Himmel spätestens 48 Stunden vor der Bekanntgabe (Aufruf, Einladung etc.) der zuständigen Behörde angemeldet werden. Eine solche Anmeldung liegt im vorliegenden Fall nicht vor, allerdings könnte diese entbehrlich sein, wenn es sich bei der Demonstration um eine *sog. „Eilversammlung“* handelte.

Eilversammlungen sind solche, die zwar geplant sind, deren Zeit bis zur Durchführung aber ist kürzer als die von § 14 VersammlG gesetzte 48-Stunden-Frist. Die Demonstration gegen den Atommülltransport war von den Atomgegnern geplant worden und sollte auch der zuständigen Behörde angemeldet werden. Da der Transport jedoch entgegen der Vorankündigung einen Tag früher in G eintraf, war eine Anmeldung nicht mehr möglich. Die Einberufung der geplanten, aber nicht angemeldeten Demonstration war rechtmäßig, da die im Hinblick auf Art. 5 und Art. 8 GG erfolgende *verfassungskonforme Auslegung des § 14 VersammlG* dazu führt, dass die Anmeldepflicht zwar bestehen bleibt, die 48-Stunden-Frist aber nicht eingehalten werden muss. Die Auflösung der Demonstration durch die Polizei war daher rechtswidrig.

Art. 8 I GG schützt auch das Recht, sich *spontan* zu versammeln. Die *Spontanversammlung* bildet sich ungeplant aus aktuellem Anlass. Eine Anmeldung ist in diesem Fall schon begrifflich nicht möglich, da Entschluss und Durchführung der Versammlung zusammenfallen. § 14 VersammlG ist daher in *verfassungskonformer Auslegung* bei Spontanversammlungen nicht anwendbar, ansonsten wären diese überhaupt nicht zulässig. Die fehlende Anmeldung führt somit nicht zur Auflösung oder zum Verbot einer solchen Versammlung.

Beispiel 79: Zur Eröffnung ihrer neuen Boutique in der Fußgängerzone der Gemeinde G plant die B eine „Pelzmodenschau.“ Um möglichst viele Besucher anzuziehen, kündigt B die Modenschau in einer Lokalzeitung an; in dem Anzeigentext heißt es, „dass nur edelste Pelze vorgeführt werden, die aber für jedermann erschwinglich seien.“ Als Tierschützer T die Anzeige entdeckt, ist er über die von B geplante Veranstaltung entsetzt. Jahrelang schon setzt er sich mit dem von ihm gegründeten Verein „Tierfreunde“ vor allem gegen das Tragen von Pelzen ein. Da die Modenschau bereits in zwei Stunden stattfinden soll, überlegt T, wie er kurzfristig etwas dagegen unternehmen kann. T ruft sofort einige seiner „Tierfreunde“ an und man vereinbart, sich spontan zum Beginn der Modenschau vor der Boutique zu einer Versammlung gegen diese Veranstaltung einzufinden. Ein Vereinsmitglied schlägt vor, noch schnell ein Transparent mit der Aufschrift „Pelzträger sind Mörder!" vorzubereiten. T hat die Idee, die Besucher durch ein Megaphon aufzufordern, von der Modenschau fernzubleiben, um „diesen Wahnsinn nicht zu unterstützen". Wegen der Kurzfristigkeit der Aktion bleibt den „Tierfreunden" keine Zeit mehr, um ihr Zusammentreffen bei der zuständigen Behörde anzumelden. Als die „Tierfreunde" sich pünktlich zur Eröffnung der Modenschau vor der Boutique einfinden, fordert B die Demonstranten auf, sofort zu verschwinden. Als die „Tierfreunde" sich weigern, der Aufforderung der B Folge zu leisten, ruft diese die Polizei herbei. Der Polizeibeamte P löst die Versammlung auf, nachdem T die Frage, ob die Versammlung denn überhaupt ordnungsgemäß angemeldet sei, verneinen musste. Ist diese Auflösung rechtmäßig?

Lösung: Als Rechtsgrundlage für die Auflösung kommt § 15 III Ver sammlG in Betracht. Danach ist eine öffentliche Versammlung unter freiem Himmel unter anderem dann aufzulösen, wenn sie nicht angemeldet ist. Nach § 14 VersammlG muss eine öffentliche Versammlung unter freiem Himmel spätestens 48 Stunden vor der Bekanntgabe (Aufruf, Einladung etc.) der zuständigen Behörde angemeldet werden. Eine solche Anmeldung liegt im vorliegenden Fall nicht vor. Allerdings könnte ein Verzicht auf das Anmeldeerfordernis in Frage kommen, da die „Tierfreunde" sich *spontan* entschieden haben, vor der Boutique der B zu demonstrieren – es verblieben lediglich zwei Stunden von der Kenntnisnahme von der geplanten Modenschau bis zu deren Stattfinden. Aus zeitlichen Gründen konnte die Anmeldefrist daher überhaupt nicht eingehalten werden. Veranstaltungen wie das Zusammentreffen der „Tierfreunde", die aus aktuellem Anlass zustande kommen, ohne von langer Hand geplant zu sein *(sog. Spontanversammlungen)* sind dem Schutz des Art. 8 I GG unterstellt. § 14 VersammlG ist nicht anwendbar. Die fehlende Anmeldung der Demonstration berechtigte P daher nicht zu deren Auflösung, so dass diese rechtswidrig war.

III. Eingriffsbefugnisse für *öffentliche* Versammlung *in geschlossenen Räumen*

Bei öffentlichen Versammlungen in geschlossenen Räumen gestaltet sich die Suche nach einer einschlägigen Rechtsgrundlage als problematisch, und zwar sowohl gegenüber einzelnen Teilnehmern als auch gegenüber der Versammlung an sich. Überwiegend wird der 2. Abschnitt des Versammlungsgesetzes (§§ 5 – 13) mit den entsprechenden Regelungen als Konkretisierung verfassungsimmanenter Schranken des Grundrechts der Versammlungsfreiheit angesehen. Danach kann die Behörde

- die Versammlung auflösen (d.h. die Versammlung hat stattgefunden), § 13 VersammlG oder
- die gesamte Versammlung (präventiv) verbieten, § 5 VersammlG

Die Eingriffsbefugnisse der Behörde entsprechen somit denen bei „öffentlichen Versammlungen unter freiem Himmel“. Während allerdings § 15 VersammlG der Behörde generalklauselartig Eingriffsbefugnisse einräumt, bestehen bei öffentlichen Versammlungen in geschlossenen Räumen nur eingeschränkte Eingriffsmöglichkeiten: nur bei Vorliegen der engen, katalogartig aufgeführten Tatbestände „kann“ die Behörde einschreiten.

1. Auflösung, § 13 VersammlG

Nach Beginn der Veranstaltung können polizeiliche Maßnahmen nicht auf das Polizeigesetz, sondern nur noch auf das Versammlungsgesetz, insbesondere § 13 I Nr. 2 – 4 VersammlG, gestützt werden.

Gemäß § 13 VersammlG kann die Behörde die Versammlung auflösen, wenn einer der folgenden Tatbestände erfüllt ist:

- der Veranstalter fällt unter die Vorschriften des § 1 II Nr. 1- 4 VersammlG (lesen!), und im Falle der Nummer 4 ist das Verbot durch die zuständige Behörde festgestellt worden (§ 13 I Nr. 1 VersammlG);
- die Versammlung nimmt einen gewalttätigen oder aufrührerischen Verlauf oder es besteht unmittelbare Gefahr für Leben und Gesundheit der Teilnehmer (§ 13 I Nr. 2 VersammlG);
- der Leiter schließt Personen, die Waffen oder sonstige Gegenstände im Sinne von § 2 III VersammlG (lesen!) mit sich führen, nicht sofort aus und sorgt nicht für die Durchführung des Ausschlusses (§ 13 I Nr. 3 VersammlG);
- durch den Verlauf der Versammlung wird gegen Strafgesetze verstoßen, die ein Verbrechen oder ein von Amts wegen zu verfolgendes Vergehen zum Gegenstand haben, oder in der Versammlung wird zu solchen Straftaten aufgefordert oder angereizt und der Leiter unterbindet dies nicht unverzüglich (§ 13 I Nr. 4 VersammlG).

§ 13 I S. 2 VersammlG gibt der Unterbrechung der Versammlung den Vorrang, um zum Beispiel Personenfeststellungen zu treffen mit anschließender Fortsetzung der Versammlung. Liegen die Voraussetzungen des § 13 VersammlG nicht vor, kann die Behörde auch keine Bild- und Tonaufnahmen nach § 12 a VersammlG vornehmen.

Der Versammlungsleiter ist gem. § 11 I VersammlG befugt, einzelne Teilnehmer von der Versammlung auszuschließen; ein polizeiliches Vorgehen gegen einzelne Teilnehmer kommt dementsprechend nicht in Betracht. Die Polizei kann Maßnahmen nach allgemeinem Polizeirecht erst außerhalb der Versammlung (ohne den besonderen Schutz des Art. 8 I GG) treffen.

2. Verbot, § 5 VersammlG

Gem. § 5 VersammlG kann die Behörde die Versammlung verbieten, wenn einer der folgenden Tatbestände erfüllt ist:

- der Veranstalter fällt unter die Vorschriften des § 1 II Nr. 1- 4 VersammlG (lesen!), und im Falle der Nummer 4 ist das Verbot durch die zuständige Behörde festgestellt worden (§ 5 Nr. 1 VersammlG);
- der Veranstalter oder Leiter der Versammlung gewährt Teilnehmern Zutritt, die Waffen oder sonstige Gegenstände im Sinne von § 2 III mit sich führen § 5 Nr. 2 VersammlG);
- es werden Tatsachen festgestellt, aus denen sich ergibt, dass der Veranstalter oder sein Anhang einen gewalttätigen oder aufrührerischen Verlauf der Versammlung anstreben (§ 5 Nr. 3 VersammlG);
- es werden Tatsachen festgestellt, aus denen sich ergibt, dass der Veranstalter oder sein Anhang Ansichten vertreten oder Äußerungen dulden werden, die ein Verbrechen oder ein von Amts wegen zu verfolgendes Vergehen zum Gegenstand haben (§ 5 Nr. 4 VersammlG).

Die Anforderungen bei einem Versammlungsverbot in geschlossenen Räumen dürfen nicht geringer sein als bei einem Verbot unter freiem Himmel gem. § 15 I VersammlG, insoweit ist auch hier die grundlegende Bedeutung der Versammlungsfreiheit zu beachten.

Beispiel 80 (abschließender Fall zu den Eingriffsbefugnissen der Behörde bei öffentlichen Versammlungen in geschlossenen Räumen): *vgl. VGH Mannheim, NVwZ 1998, 761:* Die rechtsextreme Gruppe R veranstaltet in der Gaststätte G ein Treffen, bei dem rechtsradikales Gedankengut ausgetauscht und die Gründung einer neuen Organisation geplant werden soll. Die Polizei hat von dem Treffen erfahren und betritt mit starken Kräften den Saal, stellt die Personalien aller Anwesenden fest, durchsucht diese und deren Sachen einschließlich der Pkw und findet dabei eine große Menge rechtsextremistisches Material, u. a. Nachdrucke des Buches „Mein Kampf" von Adolf Hitler, Musik-CDs etc. An die Durchsuchung schließen sich weitere polizeiliche Maßnahmen an: es werden Personen festgenommen bzw. mittels Platzverweis aus dem Stadtgebiet verwiesen. Um die Razzia festzuhalten, fertigt die Polizei außerdem Videoaufnahmen im Versammlungsraum an. Auf welche Rechtsgrundlage kann die Polizei ihre Maßnahmen stützen?

Lösung: Bei dem Treffen der R handelt es sich um eine öffentliche Versammlung, und zwar eine Versammlung im Saale, also im geschlossenen Raum. Das VersammlG ist somit anwendbar. Die Versammlung kann nur noch durch eine bestimmte Verfügung, die ausdrücklich bekanntgegeben wird, gem. §§ 5, 13 VersammlG aufgelöst werden. Versammlungen in geschlossenen Räumen sind nicht von dem Gesetzesvorbehalt des Art. 8 II GG erfasst, so dass die §§ 5, 13 VersammlG *verfassungskonform* auszulegen und anzuwenden sind.

Versammlungen in geschlossenen Räumen können also nur Einschränkungsmöglichkeiten aus der Verfassung selbst entgegengesetzt werden, d.h. Grundrechte Dritter oder sonstige wichtige Rechtsgüter von Verfassungsrang *(sog. verfassungsimmanente Auslegung).* Eine auf § 13 VersammlG gestützte Auflösung der Versammlung kommt etwa in Betracht, wenn von der Versammlung Gewalttätigkeiten ausgehen oder sie durch Verstöße gegen Strafvorschriften oder Aufruf von Straftaten (§§ 86, 86 a, 130 StGB) geprägt ist, wodurch eine Gefahr für die *freiheitlich demokratische Grundordnung* der Bundesrepublik Deutschland besteht. Dies war vorliegend zum einen nicht der Fall und zum anderen hat die Polizei die Versammlung auch nicht aufgelöst, sondern lediglich *Personenfeststellungen* und *Durchsuchungen* durchgeführt.

Diese Maßnahmen sind allerdings im VersammlG nicht ausdrücklich geregelt, so dass sich die Frage nach der einschlägigen Ermächtigungsgrundlage ergibt. Es wäre denkbar, das Vorgehen der Polizei als sog. *„Minusmaßnahmen"* auf die §§ 5, 12 a, 13 oder 15, 19 a VersammlG (lesen!) zu stützen. Bei Versammlungen unter freiem Himmel war dies schon bisher *h.M.* und wurde vom VGH Mannheim nun auch für Versammlungen in geschlossenen Räumen angenommen. Damit boten die §§ 5, 12 a, 13 oder 15, 19 a VersammlG somit eine hinreichende Rechtsgrundlage; es bedarf keines Rückgriffs auf das allgemeine Polizei- und Ordnungsrecht.

Fraglich ist, ob die tatbestandlichen Voraussetzungen der einschlägigen Vorschriften (Schutz eines kollidierenden Verfassungsguts, etwa Gefahr für Leben und Gesundheit der Teilnehmer oder Dritter) erfüllt sind. Der VGH Mannheim hat diese Frage verneint. Weiter ist zu prüfen, ob die *Videoaufnahmen* von der Razzia rechtmäßig waren. Als Ermächtigungsgrundlage für die Aufnahmen könnte § 12 a VersammlG herangezogen werden. Dem könnte allerdings entgegenstehen, dass die Anwendbarkeit dieser Vorschrift für Versammlungen in geschlossenen Räumen für verfassungswidrig gehalten wird, weil diese Versammlungen nicht dem Gesetzesvorbehalt des Art. 8 II GG unterliegen. Es kommt aber eine mit § 13 VersammlG verfassungskonforme Auslegung, d.h. Einschränkung auf Friedlichkeit und Waffenlosigkeit, in Betracht. Die *h.M.* hält § 12 a VersammlG daher dann für verfassungskonform, wenn er durch Auslegung auf die Fälle des § 13 VersammlG reduziert wird. Das hat zur Folge, dass die Vorschrift bei Versammlungen in geschlossenen Räumen kaum anwendbar ist, was auch für den vorliegenden Fall gelten muss. Im übrigen teilen die Bild- und Tonaufnahmen das Schicksal der Maßnahmen, die sie dokumentieren: nimmt man mit dem VGH Mannheim die Rechtswidrigkeit der polizeilichen Maßnahmen an, sind die Bild- und Tonaufnahmen ebenso wenig wie diese durch eine spezielle Ermächtigungsgrundlage des Versammlungsgesetzes gedeckt. Videoaufnahmen dürfen zum Zwecke der *Dokumentation* schon im Ansatz nicht angefertigt werden, denn diese Maßnahme ist weder in § 12 a noch in § 13 VersammlG geregelt. Sie stellt einen Eingriff in die *innere Versammlungsfreiheit* dar.

IV. Eingriffsbefugnisse für *nichtöffentliche* Versammlungen *in geschlossenen Räumen*

Die *nichtöffentliche Versammlung in geschlossenen Räumen* ist die grundrechtlich am stärksten geschützte Versammlung: Art. 8 II GG ist nicht anzuwenden, weil dieser nur für Versammlungen unter freiem Himmel gilt; deshalb kommt auch das VersammlG nicht zur Anwendung. Problematisch ist auch hier die Eingriffsbefugnis der Behörden zum Einschreiten gegen diese Versammlungsart: Das VersammlG enthält keine Eingriffsermächtigung bei nichtöffentlichen Versammlungen in geschlossenen Räumen, da der Bundesgesetzgeber das Gefahrenpotenzial, das von diesen ausgeht, insbesondere wegen des kleinen teilnehmenden Personenkreises als gering eingestuft hat. Dass auch bei nichtöffentlichen Versammlungen in geschlossenen Räumen unter bestimmten Voraussetzungen Maßnahmen zur Gefahrenabwehr möglich sein müssen, ist hingegen allgemein anerkannt. *Umstritten* ist hingegen, auf welche Rechtsgrundlage derartige Maßnahmen gestützt werden können:

Eine *analoge Anwendung der Vorschriften des VersammlG*, wie sie zum Teil in der *Literatur* befürwortet wird, kommt nicht in Betracht. Der Gesetzgeber hat bewusst auf eine Regelung verzichtet, so dass die für eine Analogie erforderliche planwidrige Regelungslücke fehlt. Nach *h.M.* verbleibt es daher bei den *Vorschriften des allgemeinen Polizeirechts*, insbesondere der polizeilichen Generalklausel.

Allerdings ist der Rückgriff auf das allgemeine Polizeirecht *nicht uneingeschränkt* möglich. Der Tatbestand der polizeilichen Generalklausel ist bereits dann erfüllt, wenn eine Gefahr für irgendein Schutzgut der öffentlichen Sicherheit besteht. Würde man nun auf nichtöffentliche Versammlungen in geschlossenen Räumen die polizeiliche Generalklausel ohne jegliche Einschränkung anwenden, hätte dies die umfassendsten Eingriffsmöglichkeiten zur Folge, obwohl von dieser Versammlungsart die geringsten Gefahren ausgehen. Aus diesem Grunde unterstellt eine im Vordringen befindliche Auffassung nichtöffentliche Versammlungen, insbesondere solche in geschlossenen Räumen, dem Schutz der Verfassung. Gem. Art. 8 GG sind letztere an sich schrankenlos gewährleistet; in Betracht kommen nur verfassungsimmanente Schranken aus kollidierenden Grundrechten Dritter oder anderen Werten mit Verfassungsrang.

Auch bei verfassungsimmanenten Schranken bedürfen Eingriffe in Grundrechte einer gesetzlichen Ermächtigungsgrundlage. Diese ist für nichtöffentliche Versammlungen die polizeiliche Generalklausel. Allerdings kann nicht jedes Schutzgut der öffentlichen Sicherheit einen Eingriff rechtfertigen: Maßnahmen gegen nichtöffentliche Versammlungen können nur dann auf die polizeiliche Generalklausel gestützt werden, *wenn Grundrechte Dritter oder andere Werte von Verfassungsrang vorrangig sind.*

Beispiel 81: Wieder geht es um die rechtsextreme Gruppe R, die sich inzwischen parteilich als „R-Partei“ organisiert hat und beabsichtigt, sich auf kommunaler Ebene zu etablieren. Wenige Wochen vor der bevorstehenden Kommunalwahl findet eine Parteiveranstaltung der „R-Partei“ auf dem Grundstück des Parteivorsitzenden P statt, zu der ausschließlich Parteimitglieder eingeladen sind. Zu diesem Zweck hat die R-Partei ein großes Zelt aufgestellt; durch Lautsprecheranlagen sind die Reden und Diskussionsrunden auch außerhalb des Zeltes für Passanten zu verfolgen. Die Veranstaltung zieht eine große Zahl von Bürgern an, die durch die Wahlplakate der „R-Partei“ neugierig auf deren Programm geworden waren und am Grundstück des P stehen blieben, um zuzuhören. Die „R-Partei" kündigte auf diesen Plakaten an, dass sie einen „Umbruch" in der Stadt S bewirken werde. Zum Abschluss der Veranstaltung soll eine Diskussionsrunde zum Thema „Zuwanderung" stattfinden. Als sich auf dem Bürgersteig vor dem Grundstück des P eine immer größere Menschentraube bildet, will die zuständige Behörde die Veranstaltung beenden, obwohl bislang weder volksverhetzende noch beleidigende Äußerungen gefallen sind. Zu Recht?

Lösung: Die Parteiveranstaltung der „R-Partei" findet in einem Zelt und damit in einem geschlossenen Raum statt. Eine Auflösung nach § 13 VersammlG kommt zur Beendigung der Veranstaltung nicht in Betracht, da das VersammlG gem. § 1 I VersammlG nur für *öffentliche* Versammlungen gilt. Öffentlich ist die Versammlung nur, wenn die Beteiligung Jedermann möglich ist. Hier war die Teilnahme an der Parteiveranstaltung ausschließlich den Parteimitgliedern vorbehalten, Dritte hatten hingegen keinen Zutritt. Es handelt sich somit um eine *nichtöffentliche* Versammlung. Dem steht nicht entgegen, dass Passanten die Veranstaltung durch die Lautsprecheranlage mitverfolgen konnten, da die *Teilnehmeröffentlichkeit* entscheidend ist. Fraglich ist daher, auf welche Ermächtigungsgrundlage die Behörde eine Beendigung der Versammlung stützen könnte. Mangels planwidriger Regelungslücke scheidet eine *analoge Anwendung* des VersammlG, wie sie z. T. in der *Literatur* befürwortet wird, aus. Die *h.M.* greift daher auf das allgemeine Polizeirecht, insbesondere die polizeiliche Generalklausel zurück. Dann müsste von der Parteiveranstaltung eine Gefahr für die öffentliche Sicherheit ausgehen. Zu beachten ist, dass die polizeiliche Generalklausel nur dann zu Maßnahmen gegen nichtöffentliche Versammlungen ermächtigt, soweit Grundrechte Dritter oder andere Werte mit Verfassungsrang betroffen sind. Zunächst kommt ein Verstoß gegen Strafgesetze in Betracht, die wiederum Verfassungswerte schützen.

Zwar sind vermutlich ausgrenzende Äußerungen in Bezug auf ausländische Mitbürger zu erwarten, doch ist die Schwelle der Strafbarkeit noch nicht erreicht, da bislang weder beleidigende noch volksverhetzende Äußerungen vorgenommen wurden. Auch sind keine Anhaltspunkte dafür erkennbar, dass die vom Schutzgut der öffentlichen Sicherheit erfassten Individualrechtsgüter wie Leib, Leben oder Eigentum gefährdet sind. Ferner genießt die „R-Partei" das *sog. Parteienprivileg des Art. 21 II GG.* Es besteht daher insgesamt keine konkrete Gefahr für die öffentliche Sicherheit, so dass eine Beendigung der Parteiveranstaltung durch die Polizei rechtswidrig wäre.

Klausurtipp: Gegenstand versammlungsrechtlicher Klausuren kann - wie im vorausgehenden Fallbeispiel - das *sog. Parteienprivileg gem. Art. 21 II GG* sein. Solange eine Partei vom BVerfG nicht verboten ist, rechtfertigt auch die Verfolgung verfassungsfeindlicher Ziele nicht das Verbot oder die Auflösung einer Versammlung. Dementsprechend kommt es in der Klausur auf die Frage, wie die politischen Ziele einer Partei zu beurteilen sind und ob sie ggf. die Voraussetzungen von Art. 21 II GG erfüllen, nicht an, solange kein Parteiverbot ergangen ist.

C. Adressat der polizeilichen Maßnahme

Da das VersammlG keine Regelung darüber enthält, gegenüber wem die Maßnahmen zu treffen sind, gelten die Regeln des allgemeinen Polizeirechts, so dass sich die behördliche Maßnahme gegen den für die Gefahrensituation Verantwortlichen *(sog. „Störer")* richten muss.

Beispiel 82: Anlässlich einer öffentlichen Veranstaltung der radikalen R-Partei auf dem Rathausplatz der nordrhein-westfälischen Gemeinde G, erfährt die zuständige Behörde, dass etwa einhundert gewaltbereite Gegendemonstranten erscheinen und die Veranstaltung der R-Partei notfalls mit Gewalt „sprengen" wollen. Die Behörde zieht ein Verbot der Veranstaltung der R-Partei in Erwägung. Zu Recht?

Lösung: Bei der von der R-Partei geplanten Veranstaltung handelt es sich um eine öffentliche Versammlung unter freiem Himmel. Für das Versammlungsverbot kommt § 15 I VersammlG als Ermächtigungsgrundlage in Betracht. Dann müsste eine unmittelbare Gefahr für die öffentliche Sicherheit oder Ordnung bevorstehen. Angesichts der zu befürchtenden massiven Auseinandersetzungen mit den Gegendemonstranten sind Leib und Leben der Beteiligten gefährdet. Auch wenn bei dem Verbot die Wechselwirkung mit dem Grundrecht aus Art. 8 GG zu beachten ist, handelt es sich hier um Rechtsgüter, die gegenüber der Versammlungsfreiheit vorrangig sind. Es besteht daher eine Gefahr für die öffentliche Sicherheit. Die R-Partei müsste „Störer", d.h. Adressat der Verbotsverfügung sein. Da das VersammlG diesbezüglich keine Regelung trifft, ist auf das allgemeine Polizeirecht zurückzugreifen. Die R-Partei könnte *Verhaltensstörer* (vgl. S. 52) sein. Verhaltensstörer ist nach *h.M.* grundsätzlich nur, wer durch sein Verhalten die Gefahrengrenze unmittelbar überschreitet. Von den Teilnehmern der R-Partei geht unmittelbar keine Gefahr aus. Störer sind vielmehr die gewaltbereiten Gegendemonstranten.

Ausnahmsweise kann aber auch der mittelbare Verursacher Störer i. S. d. Polizei- und Ordnungsrechts sein, wenn die von ihm gesetzte Ursache von vornherein eine erhöhte Gefahrentendenz aufweist. Das ist insbesondere dann der Fall, wenn die mittelbare Ursache auf die Gefahr gerichtet ist *(sog. Zweckveranlasser)*. Nach *herrschender Rspr.* ist Zweckveranlasser aber nur, wer die Gefahr *subjektiv bezweckt*, also final herbeiführt, oder dessen Verhalten die Störung zwangsläufig verursacht. Die R-Partei wäre mangels subjektiver Zwecksetzung damit nicht als Zweckveranlasser einzustufen.

Eine Inanspruchnahme der R-Partei kommt daher nur im Rahmen der *polizeilichen Notstandspflicht* (vgl. Seite 61) in Betracht. Dann müsste eine *gegenwärtige erhebliche Gefahr* bestehen. *Gegenwärtig* ist eine Gefahr, wenn sie sich bereits verwirklicht hat oder der Schadenseintritt unmittelbar, d.h. sofort bzw. in allernächster Zeit mit an Sicherheit grenzender Wahrscheinlichkeit bevorsteht. Erheblich ist die Gefahr, wenn ein bedeutsames Schutzgut (z.B. Leib, Leben) betroffen ist. Angesichts der Hochwertigkeit der bedrohten Rechtsgüter Leib und Leben der Teilnehmer lässt sich eine entsprechende Gefahr hier bejahen. Eine Inanspruchnahme als Nichtstörer kann allerdings nur dann erfolgen, wenn Maßnahmen gegen den Störer nicht rechtzeitig möglich sind oder keinen Erfolg versprechen *(Subsidiarität der Notstandspflicht gegenüber dem Störer)*.

Da zum Zeitpunkt des Verbots die Gegendemonstranten noch nicht bekannt sind und die Gefahr beim späteren Auftreten der Gegendemonstranten nicht genauso effektiv beseitigt werden könnte, liegt diese Voraussetzung vor.

Schließlich verlangt die Notstandsinanspruchnahme, dass die Polizei die Gefahr nicht oder nicht rechtzeitig selbst oder durch Beauftragte abwehren kann *(Subsidiarität gegenüber Eigenhandlungen der Polizei)*. Es dürfte der Polizei ohne weiteres möglich sein, den Rathausplatz durch entsprechende Maßnahmen gegenüber den Gegendemonstranten abzuriegeln. So könnte die Polizei z.B. an den auf den Rathausplatz mündenden Straßen Kontrollstellen einrichten, um die Gegendemonstranten abzuhalten. Damit liegen die Voraussetzungen für eine Notstandspflicht nicht vor und ein Verbot der Versammlung der R-Partei wäre unzulässig.

▸ Literatur

🕮 Standardfälle Polizei- und Ordnungsrecht, Fall 8

🕮 *Rozek,* **Jura** 1995, 492 (Klausur)
🕮 *Rozek,* **JA** 1996, 224 (Klausur)
🕮 *Burmeister/Huba,* **Jura** 1989, 36 (Klausur)
🕮 *Schmidt,* **JA** 1993, Ü 148 (gelbe Seiten) (Klausur)
🕮 *Geck,* Zum Versammlungsbegriff des Art. 8 GG, **DVBI.** 1980, 797;
🕮 *Wiefelspütz,* Aktuelle Probleme des Versammlungsrechts in der Hauptstadt Berlin, **DÖV** 2001, 21;
🕮 *Hermanns,* Grundfragen des Rechts der Versammlungsfreiheit, **JA** 2001, 79
🕮 *Ketteler,* Die Einschränkbarkeit nichtöffentlicher Versammlungen in geschlossenen Räumen, **DÖV** 1990, 554ff.;
🕮 *Geis,* Die Eilversammlung als Bewährungsprobe verfassungskonformer Auslegung, **NVwZ** 1992, 1025ff;
🕮 *Deger,* polizeirechtliche Maßnahmen bei Versammlungen, **NVwZ** 1999, 265ff;
🕮 *Kniesel,* Die Versammlungs- und Demonstrationsfreiheit – Verfassungsrechtliche Grundlagen und versammlungsgesetzliche Konkretisierung, **NJW** 1992, 857ff.

Rechtsprechung

BVerfGE 69, 315 = NJW 1985, 2395ff. *(„Brokdorf-Beschluss“);* BVerfGE 73, 206 = BayVBl 1987, 300ff., 332ff. *(Teilnahme an Sitzblockade als strafrechtliche Nötigung)*; BVerfGE 92,1 = NJW 1995, 1141ff.; VG Hamburg, NVwZ 1987, 829 ff. *(„Hamburger Kessel“; Verhinderung einer Versammlung ohne Verbot oder Auflösungsverfügung)*; LG Hamburg, NVwZ 1987, 833ff. *(„Hamburger Kessel“);* BVerfGE 85, 69 = DÖV 1992, 262f. = BayVBl 1992, 209ff. *(Anmeldung von Eilversammlungen)*; VGH Kassel, NJW 1994, 1750 *(Anspruch auf Erlass eines Versammlungsverbots)*; VGH Mannheim, DVBl. 1995, 363f. *(Versammlungsverbot bei konkreter Gefahr ausländerfeindlicher und volksverhetzender Äußerungen)*; BVerfG, BayVBl 1998, 562f. *(Schutz friedlicher Versammlungen vor Gegendemonstranten)*; BVerfG, NVwZ 1998, 834 *(Demonstration einer „Verkehrsinitiative“)*; BayVGH, NVwZ-RR 1997 1995, 271 *(sog. „Padayatra-Pilgerprozession“ anlässlich des bevorstehenden 100. Jahrestages eines indischen Schriftstellers und Philosophen)*; VG Hannover NVwZ-RR 1997, 622 *(„Chaostage 1996“ in Hannover)*; ThürOVG, DÖV 1998, 123 *(Kameradschaftsabend einer politischen Partei als Abschlussveranstaltung zu einem Parteitag)*; VG Frankfurt, NJW 2001, 1741 *(sog. „Nacht-Tanz-Demo“)*; BVerfG, DÖV 2001, 907 *(sog. „Love-Parade“ und „Fuck-Parade“)*; OVG Berlin, NJW 2001, 1750 *(„Weihnachtsparade“).*

Dritter Teil: Gewerberecht

Zum *Gewerberecht* gehört die Abwehr von Gefahren, die von der Person des Gewerbetreibenden ausgehen. Es existieren hier eine Reihe von Spezialgesetzen, z.B. das Gaststättengesetz (GaststG) und die Handwerksordnung (HandwO); die Gewerbeordnung (GewO) fungiert als allgemeines Auffanggesetz. Für die gewerberechtliche Klausur sind folgende Themenbereiche von Bedeutung:

- Maßnahmen nach der GewO;
- Gaststättenrecht;
- Handwerksrecht;
- Besonderheiten des Reisegewerbes und
- Marktrecht.

Seit dem Inkrafttreten der Föderalismusreform besteht keine Gesetzgebungskompetenz des Bundes mehr für das *Gaststättenrecht, Messen, Ausstellungen, Märkte und den Ladenschluss.* Die bisherigen Bundesvorschriften gelten aber so lange fort, wie sie nicht durch Landesrecht ersetzt worden sind, vgl. Art. 125a I GG.

Dieses Skript erläutert ausschließlich die bisherigen **Gesetze des Bundes**. Sie sollten daher prüfen, ob in Ihrem Bundesland zwischenzeitlich bereits ein entsprechendes Landesgesetz erlassen wurde.

A. Der Anwendungsbereich des Gewerberechts

Bevor diese Themenbereiche nachfolgend im Einzelnen behandelt werden, ist zunächst der Anwendungsbereich des Gewerberechts darzustellen, für das grds. auch weiterhin allein der Bund gesetzgebungsbefugt ist, vgl. Art. 74 I Nr. 11 GG.

Der Begriff des Gewerbes

Der zentrale Begriff ist hierbei der des „Gewerbes“; die GewO und die gewerberechtlichen Nebengesetze gelten grundsätzlich nur für die Ausübung eines Gewerbes. Die GewO enthält bewusst keine eindeutige Definition des Begriffs, weil die Vielgestaltigkeit der gewerblichen Entwicklung eine scharfe Begriffsklärung nicht zulässt.

Nach der *Rspr. und Lehre* umfasst der Gewerbebegriff *jede durch die Rechtsordnung erlaubte, auf Gewinnerzielung gerichtete, nachhaltige, selbstständige, nach außen gerichtete Tätigkeit mit Ausnahme der Urproduktion, der Verwaltung eigenen Vermögens, wissenschaftlicher, künstlerischer und schriftstellerischer Berufe sowie persönlicher Dienstleistungen höherer Art (vgl. BVerwG, NJW 1977, 772f., BVerwGE 78, 6 ff., 8).* Damit enthält der Gewerbebegriff positive und negative Merkmale:

- *Erlaubt* ist eine Tätigkeit, wenn sie nicht generell gegen geltendes Verfassungsrecht oder Strafgesetze verstößt, wobei ein einzelner Verstoß gegen Rechtsvorschriften nicht ausreicht.

Beispiel 83: Gewerbsmäßige Hehlerei (§ 260 StGB).

Für die Klausur können in diesem Zusammenhang diejenigen Fälle von Bedeutung sein, bei denen es um Tätigkeiten geht, die nicht verboten sind, aber als sozial missbilligt gelten. Darunter sind alle Tätigkeiten zu verstehen, *die dem Anstandsgefühl aller billig und gerecht Denkenden bzw. den sozial-ethischen Wertvorstellungen der Rechtsgemeinschaft widersprechen.*

Beispiel 84: Eine sozial missbilligte Tätigkeit ist die entgeltliche Vermittlung von Leihmüttern, nicht hingegen die Ausübung der Prostitution, Wahrsagen, Hellsehen und Astrologie.

- *Gewinnerzielungsabsicht* liegt vor, wenn mit einer gewissen Intensität ein wirtschaftlicher Vorteil angestrebt wird, unerheblich, ob dieser tatsächlich erreicht wird.

Beispiel 85: Rentner R hat sich schon lange Zeit vor seinem Ruhestand vorgenommen, diesen dazu zu nutzen, etwas Gutes zu tun. Da er über eine üppige Rente verfügt, verwendet er einen großen Teil von diesem Geld, um eine „mobile Küche“ für Obdachlose in der Stadt S zu gründen. Gemeinsam mit einigen freiwilligen Helfern bereitet R dreimal pro Woche Speisen zu und verteilt diese mit seinem Pkw an die in der Stadt lebenden 20 bis 30 Obdachlosen. Eine Gegenleistung erhält R dafür nicht. Handelt es sich bei der „mobilen Küche“ des R um ein Gewerbe?

Lösung: Gewerbe ist jede erlaubte, auf Gewinnerzielung gerichtete, dauerhaft ausgeübte, selbstständige Tätigkeit, die nicht Urproduktion, freier Beruf oder Verwaltung eigenen Vermögens ist. Entscheidend kommt es im vorliegenden Fall darauf an, ob R die „mobile Küche" mit *Gewinnerzielungsabsicht* betreibt. R bereitet die Speisen gemeinsam mit seinen Helfern zu und verteilt diese an Obdachlose, ohne dafür irgendeine Gegenleistung zu erhalten. Es handelt sich mithin um eine *gemeinnützige Tätigkeit*, die nicht auf eine *Gewinnerzielungsabsicht* gerichtet ist. R übt somit keine gewerbliche Tätigkeit aus.

- *Dauerhaft* ist die Tätigkeit, wenn sie nicht nur gelegentlich, sondern mit der Absicht der Regelmäßigkeit ausgeübt wird.

Beispiel 86: Das Betreiben eines Campingplatzes im Sommer ist dauerhaft, wenn es wiederholt erfolgen soll. Dass es sich um eine saisonale Tätigkeit handelt, steht insoweit nicht entgegen.

- *Selbstständigkeit* besteht, wenn der Betroffene das wirtschaftliche Risiko selbst trägt und grundsätzlich frei von Weisungen Dritter tätig wird.

Beispiel 87: *Selbstständig tätig* sind Handelsmakler, Handelsvertreter und Kommissionäre, *nicht* hingegen Arbeitnehmer, Vorstandsmitglieder einer AG und Geschäftsführer einer GmbH.

Auch wenn die vorstehenden Merkmale der Gewerbsmäßigkeit erfüllt sind, werden bestimmte Bereiche aus dem Gewerbebegriff herausgenommen. *Kein Gewerbe* ist danach:

- *Die Urproduktion.* Darunter ist die Gewinnung von Naturerzeugnissen durch Nutzung von Grund und Boden zu verstehen.

Beispiel 88: Land- und Forstwirtschaft, Weinbau, Gartenbau, Tierzucht, Jagd, Fischerei und Bergwesen;

- *Eine freiberufliche Tätigkeit,* d.h. persönliche Dienstleistungen höherer Art.

Beispiel 89: Architekten, Wirtschaftsprüfer, Ärzte, Rechtsanwälte, Kunstfotografen.

Die Abgrenzung zwischen einer *freiberuflichen* und einer *gewerblichen* Tätigkeit ist oftmals schwierig. Die folgenden Beispielsfälle sollen diese Abgrenzungsproblematik veranschaulichen:

Beispiel 90: Unterricht: Gewerberechtlich werden Tanz-, Turn-, Tennis-, Fecht-, Golf-, Ski-, Bergsteiger-, Schwimm- u. a. Unterricht als Gewerbe erfasst, soweit keine landesrechtlichen Bestimmungen getroffen worden sind. Eine Gewerbeanmeldung ist also erforderlich. Dagegen überwiegt bei Musik- oder Gesangsunterricht i. d. R. *die persönliche Dienstleistung höherer Art*, so dass diese gewerberechtlich als freiberuflich anzusehen ist und keine Gewerbeanmeldung benötigt.

Beispiel 91: Unternehmensberater: Der Unternehmensberater kann sowohl freiberuflich als auch gewerblich tätig sein. Voraussetzung für eine freiberufliche Tätigkeit ist der Abschluss eines Betriebswirtschafts- o. ä. Studiums. Umfasst ist Beratung auf den Gebieten der Betriebswirtschaft (z.B. Marketing, Controlling, Rechnungswesen etc.), die zum Studiengang gehören. Ohne eine solche Ausbildung ist die Beratung von Unternehmen gewerblicher Art.

Beispiel 92: EDV-Berater: Freiberuflich tätig ist der EDV-Berater, der eine dem Ingenieur ähnliche Tätigkeit ausübt. Dies ist z.B. der Fall beim Erstellen von EDV-Modellen zum Nachweis der Nutzbarkeit der EDV für betriebliche Abläufe. Auch das Einrichten von Systemsoftware für spezielle Bedürfnisse eines Anwenders und die Entwicklung von Anwendersoftware sind ingenieurähnlich. Von der freiberuflichen Tätigkeit umfasst sind nur die Beratung und Anfertigung von Entwürfen oder Gutachten. Nicht enthalten sind dagegen die Herstellung, Bearbeitung und der Vertrieb von Sachgütern – diese sind gewerbliche Tätigkeiten und müssen beim Gewerbeamt angemeldet werden. Nicht ingenieurähnlich und damit gewerblich ist z.B. die EDV-Beratung zum Einsatz von EDV-Systemen für innerbetriebliche Abläufe.

- Verwaltung eigenen Vermögens.

Beispiel 93: Vermietung und Verpachtung, wenn diese in einem angemessenen Rahmen erfolgt.

Beispiel 94 (abschließender Fall zum Gewerbebegriff): Landwirt L betreibt auf seinem Bauernhof im Schwarzwald eine Schweinemästerei mit 500 Liegeplätzen. Außer Futterpflanzen baut er auf seinem Hof auch noch Obst und Gemüse an, das er einmal pro Woche in einem auf seinem Hof gelegenen Laden als Ökoprodukte zum Verkauf anbietet. Da er mit der Schweinemästerei und dem Laden eher schlecht als recht über die Runden kommt, betreibt L darüber hinaus auf mehreren großen Wiesengrundstücken einen Campingplatz mit 1000 Stellplätzen. Wegen der unangenehmen Gerüche, die von den Schweineställen ausgehen, bleibt der Campingplatz allerdings weitestgehend ungenutzt und wirft daher keine Gewinne ab. L macht sich allmählich Sorgen um seinen Betrieb. Um dessen Existenz nicht zu gefährden, vermietet er in seinem großen Bauernhaus zwei Zimmer an Feriengäste. Bei welchen dieser Tätigkeiten handelt es sich um ein Gewerbe?

Lösung: Bei dem *Betrieb der Schweinemästerei* handelt es sich um *Urproduktion* und damit nicht um eine gewerbliche Tätigkeit. Der *Betrieb des Campingplatzes* könnte als *bloße Verwaltung und Nutzung eigenen Vermögens* einzustufen sein, so dass es sich dabei ebenfalls nicht um ein Gewerbe handelt. Mithilfe dieses Merkmals sollen solche Tätigkeiten aus dem gewerberechtlichen Instrumentarium ausgenommen werden, die keiner gewerberechtlichen Überwachung bedürfen. Entsprechende Tätigkeiten müssen sich überwiegend im „Privaten" abspielen. Je mehr sich die Tätigkeit „nach außen" entfaltet, desto stärker wird auch die Überwachungsbedürftigkeit. Entscheidend ist die Einordnung der Tätigkeit nach ihrem *Gesamtbild* entsprechend *der Verkehrsanschauung*. Dementsprechend ist der Betrieb eines Campingplatzes mit 1000 Stellplätzen gewerbliche Tätigkeit und keine bloße Nutzung eigenen Vermögens. Dass der Campingplatz keine Gewinne abwirft, führt nicht zum Ausschluss der erforderlichen Gewinnerzielungsabsicht. Die *Vermietung von zwei Zimmern an Feriengäste* überschreitet demgegenüber nicht die Bagatellschwelle und ist als bloße Verwaltung und Nutzung eigenen Vermögens und damit nicht als gewerbliche Tätigkeit einzustufen.

B. Die Regelungsbereiche der GewO

Liegt ein Gewerbe vor, so unterscheidet die GewO drei Regelungsbereiche, für die unterschiedliche Bestimmungen gelten, die jeweils der besonderen Eigenart des Gewerbes Rechnung tragen:

- **Stehendes Gewerbe**, §§ 14 ff. GewO: der Begriff des *stehenden Gewerbes* ist in der GewO nicht definiert, sondern ergibt sich durch eine Negativabgrenzung zum *Reisegewerbe:* durch die *Gewerbeausübung in einer gewerblichen Niederlassung* ist das *stehende Gewerbe* vom *Reisegewerbe* zu unterscheiden. Eine gewerbliche Niederlassung ist ein zum dauernden Gebrauch eingerichteter, ständig oder in regelmäßiger Wiederkehr benutzter Raum für den Betrieb eines Gewerbes. Das sind die zum dauernden Gebrauch eingerichteten Räume.

Beispiel 95: Geschäftslokale, Wohnungen und Büros, die den räumlichen Mittelpunkt der Gewerbstätigkeit bilden, ferner in regelmäßiger Wiederkehr benutzte Saisonbetriebe in Kurorten.

- **Reisegewerbe**, §§ 55 ff. GewO: Im Gegensatz zum stehenden Gewerbe ist für das Reisegewerbe gem. § 55 I GewO das gewerbsmäßige Tätigwerden außerhalb der gewerblichen Niederlassung kennzeichnend bzw. es besteht überhaupt keine Niederlassung. Wer ein solches Gewerbe betreibt, bietet selbstständig oder unselbstständig Waren feil oder sucht Bestellungen auf oder kauft diese an, bietet Leistungen an sucht Bestellungen auf Leistung auf, übt selbstständig unterhaltende Tätigkeiten als Schausteller oder nach Schaustellerart auf.

Beispiel 96: Vertrieb von Tiefkühlkost durch Verkaufsfahrer, Verkaufsstände auf der Straße, Zeitschriftenwerber.

- **Marktverkehr**, §§ 64 ff. GewO: zum Marktverkehr gehören Messen (§ 64 GewO), Ausstellungen (§ 65 GewO), Großmärkte (§ 66 GewO), Wochenmärkte (§ 67 GewO) sowie Spezial- und Jahrmärkte (§ 68 GewO), die gewerberechtlich privilegiert sind. Der Veranstalter kann eine Festsetzung (§ 69 GewO) beantragen, so dass die Veranstaltung in den Genuss der *sog. „Marktprivilegien“* kommt.

Erlaubnispflichtige und erlaubnisfreie Gewerbe

Für die gewerberechtliche Klausur ist die Unterscheidung von *erlaubnispflichtigen* und *erlaubnisfreien* Gewerben von entscheidender Bedeutung, da die *behördlichen Eingriffsbefugnisse* an diese Unterscheidung anknüpfen.

I. Unterscheidung von erlaubnispflichtigen und erlaubnisfreien Gewerben

Im deutschen Recht herrscht der *Grundsatz der Gewerbefreiheit*, d.h. i.d.R. ist für die Ausübung der meisten Gewerbe keine besondere Erlaubnis erforderlich. Etwas anderes gilt gem. § 1 GewO, wenn durch die GewO Ausnahmen oder Beschränkungen vorgeschrieben oder zugelassen sind. In manchen Branchen ist die Tätigkeit daher *genehmigungspflichtig.*

Beispiel 97: Folgende Tätigkeiten sind erlaubnispflichtig:

Bauträger / Baubetreuer: Gem. § 34 c GewO bedarf einer Erlaubnis, wer a) Bauvorhaben als Bauherr im eigenen Namen für eigene oder fremde Rechnung vorbereitet oder durchführt oder dazu fremde Vermögenswerte verwendet *(Bauträger)* oder b) als Baubetreuer in fremdem Namen, für fremde Rechnung Bauvorhaben wirtschaftlich vorbereitet oder durchführt *(Baubetreuer).*

Bewachungsgewerbe: Die gewerbsmäßige Bewachung von Leben oder Eigentum fremder Personen bedarf der Erlaubnis nach § 34 a GewO.

Maklergewerbe: Die gewerbsmäßige Vermittlung des Abschlusses von Verträgen über Grundstücke, grundstücksgleiche Rechte, Wohnräume, Darlehen oder der Nachweis der Gelegenheit zum Abschluss solcher Verträge bedarf gem. § 34 c GewO einer Erlaubnis.

Spielgeräte: Gem. § 33 c GewO bedarf die Aufstellung von Spielgeräten, der Betrieb von Spielhallen sowie die gewerbsmäßige Durchführung anderer Spiele mit Gewinnmöglichkeit der Erlaubnis.

Der Grundsatz der Gewerbefreiheit ist ein *subjektives öffentliches Recht* und deckt sich im Wesentlichen mit dem Grundrechtsschutz aus Art. 12 und 14 GG, geht aber teilweise darüber hinaus. § 1 GewO gilt für Jedermann, also auch für Ausländer, Art. 12 GG hingegen nur für Deutsche. Geschützt ist allerdings nur die Zulassung, d.h. das „Ob", nicht hingegen die Ausübung, das „Wie" der Tätigkeit.

II. Das stehende Gewerbe: Die behördlichen Eingriffsbefugnisse

Aus der Abgrenzung von erlaubnispflichtigen und erlaubnisfreien Gewerben ergeben sich auch *unterschiedliche Eingriffsbefugnisse* der Behörde beim *stehenden Gewerbe.*

1) Erlaubnispflichtige Gewerbe

Bei den erlaubnispflichtigen Gewerben geht es in erster Linie um die *Erteilung der Erlaubnis.* Diese kann

- i. d. R. mit Nebenbestimmungen versehen werden

Beispiel 98: §§ 33 a I S. 3, 1. HS, § 34 a I S. 2, 1. HS GewO (lesen!)

- oder durch nachträgliche Anordnungen eingeschränkt werden.

Beispiel 99: §§ 33 a I S. 3, 2. HS, § 34 a I S. 2, 2. HS GewO

Für die Klausur sind der *Widerruf* und die *Rücknahme* der zunächst erteilten Erlaubnis von Bedeutung. Hierbei handelt es sich insbesondere um die Fälle, in denen der Gewerbetreibende entweder von Anfang an unzuverlässig war oder nachträglich unzuverlässig geworden ist. Dabei ist zu beachten, dass das Gewerberecht vorrangige *Spezialvorschriften* (z.B. § 15 GaststG; § 33 d IV und V GewO) enthält. Wenn diese nicht eingreifen, ist auf die *allgemeinen Vorschriften der §§ 48, 49 VwVfG* zurückzugreifen.

Wird ein erlaubnispflichtiges Gewerbe ohne die erforderliche Erlaubnis betrieben (entweder weil diese von vornherein fehlt oder nachträglich aufgehoben wird), so kann die zuständige Behörde die Fortsetzung des Betriebes durch eine *sog. Schließungsverfügung* gem. § 15 II S. 1 GewO verhindern.

Beispiel 100 (abschließender Fall zur Zulassungspflicht eines Gewerbes): Nachdem A Jahre als Angestellter bei einem Bewachungsunternehmen tätig gewesen war, wagte er gemeinsam mit seinem Bekannten B den Sprung in die Selbstständigkeit. Dabei blieb A dem Bewachungsgewerbe treu und gründete ein Unternehmen, das auf die Überwachung von Gebäuden spezialisiert ist – den „A + B – Überwachungsdienst.“ Als die zuständige Gewerbebehörde hiervon erfährt, teilt sie A und B mit, dass sie die Tätigkeit untersagen werde, falls sie nicht innerhalb von zwei Wochen die erforderliche Erlaubnis beantragen. Da A und B der Ansicht waren, dass ihre Tätigkeit keiner Genehmigung bedarf, unternahmen sie nichts. Daraufhin verbot die Behörde die Fortsetzung der Tätigkeit. Zu Recht?

Lösung: Als Ermächtigungsgrundlage für die Untersagungsverfügung kommt § 15 II GewO in Betracht. Dann müssten A und B ein Gewerbe ohne die erforderliche Zulassung betreiben. Wer gewerbsmäßig eine Bewachungstätigkeit ausübt, benötigt gem. § 34 a I GewO die Erlaubnis der zuständigen Behörde. A und B haben ein Unternehmen gegründet, das auf die Überwachung von Gebäuden spezialisiert ist, d. h. auf die Überwachung fremden Eigentums, und damit dem Bewachungsgewerbe zuzuordnen ist. Dementsprechend war die Tätigkeit erlaubnispflichtig. Da A und B keine wirksame Erlaubnis besaßen, betrieben sie das Gewerbe illegal. Das Einschreiten der zuständigen Behörde steht gem. § 15 II GewO in deren pflichtgemäßem Ermessen („kann“). Die Behörde forderte A und B zunächst auf, die Erlaubnis zu beantragen, bevor sie ihnen die Fortsetzung der Tätigkeit verbot. Damit hat die Behörde zunächst das mildeste Mittel eingesetzt und dadurch dem Verhältnismäßigkeitsgrundsatz entsprochen. A und B kamen dieser Aufforderung jedoch nicht nach. Die Entscheidung der Behörde war daher verhältnismäßig und insgesamt rechtmäßig.

Abwandlung: Wie wäre der Fall zu beurteilen, wenn A anstelle des „Überwachungsdienstes" gemeinsam mit B die „A + B – Homesitter-Agentur" gegründet hätte, die darauf spezialisiert ist, während der Abwesenheit der Eigentümer oder Mieter deren Haus oder Wohnung gegen Entgelt zu bewohnen und einige Nebentätigkeiten, wie das Leeren des Briefkastens, Rasenmähen etc. mit zu erledigen?

Lösung: Hier kommt es ebenfalls darauf an, ob es sich bei der von A ausgeübten Tätigkeit um ein erlaubnispflichtiges Gewerbe handelt. Als Ermächtigungsgrundlage kommt auch in diesem Fall § 34 a I GewO in Betracht, wenn die „Homesitter-Agentur" dem Bewachungsgewerbe zuzuordnen wäre. Nach der überwiegenden Rspr. fällt die Tätigkeit des „Home-Sitters" nicht unter § 34 a GewO. Begründet wird diese Auffassung damit, dass die Tätigkeit nicht auf den Objektschutz gerichtet sei, vielmehr nehme der „Home-Sitter" lediglich die Position des Eigentümers bzw. Mieters ein ohne weitere Tätigkeiten auszuüben, die für die Bewachung charakteristisch sind *(vgl. OVG Koblenz NVwZ-RR 1989, 73; VG Koblenz GewArch 1988, 86)*. Damit handelt es sich nicht um ein zulassungspflichtiges Gewerbe nach § 34 a I GewO.

Hinweis: In der Klausur wäre auch die Gegenauffassung vertretbar, wie sie z. T. in der Literatur vorzufinden ist. Diese Auffassung sollte darauf gestützt werden, dass der „Home-Sitter" die Wohnung vor möglichen Einbrechern schützt, so dass der Schwerpunkt der Tätigkeit in der Obhutsausübung über fremdes Eigentum liegt und damit dem Bewachungsgewerbe zuzuordnen ist.

2) Erlaubnisfreies Gewerbe

Gem. § 35 I GewO kann die zuständige Behörde bei einem erlaubnisfreien Gewerbe die weitere Gewerbeausübung *untersagen*, wenn von diesem Gefahren ausgehen. Die Untersagungsverfügung kann unmittelbar mit Zwangsmitteln nach dem Verwaltungsvollstreckungsgesetz durchgesetzt werden, falls der Gewerbetreibende das Gewerbe weiterhin ausübt. Einer separaten Schließungsanordnung bedarf es – anders als im Rahmen des § 15 II GewO - nicht. Es stellt sich die Frage, wie die Behörde überhaupt bei Ausübung eines erlaubnisfreien Gewerbes Kenntnis von dieser erlangt, wenn keine Anmeldepflicht besteht. Eine Regelung sieht insoweit § 14 GewO vor, wonach für jede Ausübung eines Gewerbes – auch für ein erlaubnispflichtiges - eine *Anzeigepflicht* besteht. Diese Anzeigepflicht berechtigt die Behörde jedoch für sich genommen nicht zur Untersagung der Gewerbeausübung, sondern verschafft ihr zunächst überhaupt Kenntnis von dieser und räumt ihr die Möglichkeit der Überwachung ein.

Beispiel 101 (abschließender Fall zum erlaubnisfreien Gewerbe): Antikhändler A hat sich darauf spezialisiert, auf Versteigerungen für seine Kunden gegen Entgelt bestimmte Antiquitäten zu erwerben. Dabei ist es üblich, dass er im Vorhinein großzügige Abschlagszahlungen erhält. Als A sich bei einigen Aktiengeschäften verspekuliert hat und in Geldnot gerät, veruntreut er einige größere Abschlagszahlungen einiger seiner Kunden. Diese erstatten Strafanzeige gegen A; im anschließenden Strafverfahren wird A vom Strafgericht verurteilt. Ein Berufsverbot nach § 70 StGB hat das Strafgericht hingegen mit der Begründung verneint, dass A erstmalig strafrechtlich in Erscheinung getreten und nicht mit einer Wiederholung zu rechnen sei. Die zuständige Gewerbeaufsichtsbehörde überprüft in einem anschließenden Verwaltungsverfahren, ob A wegen seines Verhaltens die weitere Ausübung des Gewerbes nach der GewO untersagt werden kann. Die Behörde bezieht in ihre Überprüfung sowohl die Straftat des A als auch dessen Geldprobleme mit ein. Kann die Behörde eine Untersagungsverfügung erlassen?

Lösung: Als Ermächtigungsgrundlage für die Untersagung der Gewerbeausübung kommt § 35 I GewO in Betracht. Eingriffsvoraussetzung ist die *Unzuverlässigkeit* des A in Bezug auf sein Antikhändlergewerbe. Die Veruntreuung von Kundengeldern, die als Vorschuss auf die zu erwerbenden Gegenstände geleistet werden, dürfte insoweit ausreichend sein. Eine Untersagung aufgrund der von A begangenen Straftaten ist aber wegen der *Sperrwirkung* des günstigen Strafurteils gem. § 35 III GewO unzulässig. Danach kann die zuständige Behörde insoweit nicht von dem Inhalt des Urteils abweichen, als es sich bezieht auf die Beurteilung der Frage, ob der Gewerbetreibende bei weiterer Ausübung des Gewerbes erhebliche rechtswidrige Taten i. S. d. § 70 StGB begehen wird und ob zur Abwehr dieser Gefahren die Untersagung des Gewerbes angebracht ist. Die zuständige Behörde kann daher nicht vom Strafurteil gegen A abweichen.
Allerdings kann sich die Unzuverlässigkeit des A auch aus dessen Vermögensschwierigkeiten als Gewerbetreibender, dem fremde Gelder anvertraut werden, ergeben. Diesbezüglich entfaltet das Strafurteil keine Bindungswirkung, so dass die Behörde die Unzuverlässigkeit des A bejahen kann. Die Untersagungsverfügung müsste schließlich dem Verhältnismäßigkeitsgrundsatz entsprechen. Die Untersagung gem. § 35 I GewO ist erforderlich zum Schutz des Kunden als Teil der Allgemeinheit. In Erwägung ziehen könnte man schließlich eine teilweise Untersagung des Gewerbes, die sich darauf beschränkt, dass A fremde Gelder zur Ersteigerung anvertraut werden.

C. Das Gaststättenrecht

Das Gaststättenrecht, das aus der Gewerbeordnung herausgenommen und im Gaststättengesetz (GaststG) verselbstständigt wurde, enthält wie die GewO *Spezialbefugnisse*, die im Wesentlichen den Gefahrenabwehrbereich abdecken. Das Gaststättenrecht regelt insbesondere die Voraussetzungen für die Erteilung und den Widerruf einer Gaststättenerlaubnis (Konzession), den Umfang der Erlaubnis, die Auflagen und die Versagungsgründe. Das GaststG ist *lex specialis* zur GewO. Leser/innen aus *Baden-Württemberg, Brandenburg, Bremen, Hessen, Niedersachsen, Sachsen, Thüringen* und dem *Saarland* sollten beachten, dass es dort jeweils ein *Landes-Gaststättengesetz* gibt.

I. Das Gaststättengewerbe

Das Betreiben eines Gaststättengewerbes hat folgende Voraussetzungen:

- Es muss eine dauerhafte, auf Gewinn gerichtete, selbständige und erlaubte Tätigkeit *(Gewerbe)* vorliegen.
- Gem. § 1 I GaststG kann eine Gaststätte als *Schankwirtschaft, Speisewirtschaft* oder als *Beherbergungsbetrieb* betrieben werden.

Beispiel 102: Beherbergungsbetriebe sind z.B. Hotels und Pensionen; der Betrieb einer Schankwirtschaft ist bereits dann zu bejahen, wenn alkoholfreie Getränke verabreicht werden.

Beispiel 103: P betreibt in der Kölner Innenstadt die kleine Pizzeria „Bella Italia". Für die Versorgung mit Getränken hat P mit einem Getränkeautomaten gesorgt. Der Automat verfügt über eine Vorrichtung zum Flaschenöffnen sowie eine Leergutannahme. Betreibt P ein Gaststättengewerbe? *Hinweis:* Die verschiedenen Tätigkeiten können *alternativ* oder *kumulativ* vorliegen.

Lösung: Entscheidend kommt es hier darauf an, welche Art von Tätigkeit P ausübt, d.h. ob es sich um eine *Schankwirtschaft, Speisewirtschaft* und/oder einen *Beherbergungsbetrieb* handelt. Die von P zubereiteten Speisen werden von seinen Gästen an Ort und Stelle verzehrt, so dass es sich um eine Speisewirtschaft handelt. Was den Verzehr von Getränken angeht, so reicht es für eine Schankwirtschaft aus, wenn diese durch einen Automaten verkauft werden und Vorrichtungen zum Öffnen der Flaschen, Leergutannahme bestehen (vgl. auch § 2 II Nr. 3 GaststG). Es handelt sich somit bei der Pizzeria um eine Schank- und Speisewirtschaft.

- Schließlich muss die Gaststätte für jedermann oder bestimmte Personenkreise *zugänglich* sein.

Beispiel 104: Ein bestimmter Personenkreis i. S. d. § 1 I GastG liegt z.B. bei Kegelclubs oder Skatvereinen vor, sofern deren Mitgliederbestand nicht von vornherein auf eine kleine Zahl fester Mitglieder begrenzt ist; dagegen unterliegen private Geburtstagsfeiern mit geladenen Gästen oder die Kantine eines Unternehmens u. ä. generell nicht dem GaststG (§ 25 GaststG).

II. Das gaststättenrechtliche Instrumentarium

Das Gaststättenrecht stellt der zuständigen Behörde folgende *Handlungsinstrumente* zur Verfügung:

1) Versagung der gaststättenrechtlichen Erlaubnis

Gemäß § 2 I GaststG ist der Betrieb einer Gaststätte grundsätzlich *erlaubnispflichtig*, allerdings gibt es Ausnahmen von dieser Erlaubnispflicht.

Beispiel 105: Studentin S will ihre finanzielle Situation dadurch verbessern, dass sie in einem kleinen angemieteten Raum nahe des Uni-Geländes Milch und diverse (alkoholfreie) Milchmixgetränke verkauft. Kommilitonin K missgönnt der S den Zuverdienst und beschwert sich bei der zuständigen Behörde darüber, dass S - was tatsächlich zutrifft - keine gaststättenrechtliche Erlaubnis besitzt. Ist die Tätigkeit der S nach Gaststättenrecht erlaubnispflichtig?

Lösung: Gemäß § 2 II Nr. 1 GaststG bedarf einer gaststättenrechtlichen Erlaubnis nicht, wer Milch, Milcherzeugnisse oder alkoholfreie Milchmischgetränke verabreicht. S bedarf für ihre Tätigkeit daher keiner gaststättenrechtlichen Erlaubnis, so dass K sich zu Unrecht an die Behörde gewendet hat.

Beispiel 106: Weitere Ausnahmen von der gaststättenrechtlichen Erlaubnispflicht finden sich in den §§ 2 II Nr. 2-4, 14, 26 GaststG (unentgeltliche Kostproben, Getränkeautomaten, Kleinbeherbergungsbetriebe, Weiterführung des Gewerbes, Straußenwirtschaften, lesen!).

Gemäß § 5 II GaststG können gegenüber Gewerbetreibenden, die ein erlaubnisfreies Gewerbe betreiben, Anordnungen nach Maßgabe des Absatzes 1 erlassen werden.

Beispiel 107: Wieder geht es um den Getränkevertrieb der Studentin S. Diese hat ihre Milch- und Milchmixgetränke mehrfach in gesprungenen Gläsern verkauft, so dass sich einige Studenten beim Verzehr der Getränke erheblich verletzt haben. Die zuständige Behörde erfährt hiervon und gibt S auf, die Getränke künftig in Plastikbechern zu verkaufen. Zu Recht?

Lösung: Als Ermächtigungsgrundlage für die Anordnung kommt § 5 II i. V. m. I Nr. 1 GaststG in Betracht. Danach können einem Gewerbetreibenden der keiner gaststättenrechtlichen Erlaubnis bedarf, Auflagen zum Schutze der Gäste gegen Gefahren für die Gesundheit erteilt werden. Durch das Verabreichen der Milch und Milchprodukte aus gesprungenen Gläsern haben sich bereits mehrere Studenten verletzt. Es bestehen daher Gefahren für die Gesundheit der Studenten. Die Behörde hat ihre Entscheidung auch ermessensfehlerfrei getroffen. Die Auflage ist schließlich auch verhältnismäßig; angesichts des hohen Ranges des zu schützenden Rechtsgutes („Gesundheit") handelt es sich um das mildeste Mittel, das der Behörde zur Verfügung stand.

Gemäß § 3 GaststG (lesen!) ist die Gaststättenerlaubnis für eine bestimmte **Betriebsart** und für bestimmte **Räume** zu erteilen. Die Betriebsart richtet sich nach dem Bewirtungstyp (§ 1 I GaststG).

Beispiel 108: eine Diskothek ist im Vergleich zu einer Schankwirtschaft ein eigenständiger Betrieb i. S. d. § 3 GaststG.

Gemäß § 4 I GaststG *ist (d.h. keine Ermessensentscheidung)* die Erlaubnis zu versagen, wenn Versagungsgründe vorliegen. Als Versagungsgründe kommen z.B. in Betracht:

- Unzuverlässigkeit (Nr. 1);
- fehlende Eignung der Räumlichkeiten (Nr. 2);
- schädliche Umwelteinwirkungen etc. (Nr.3);
- fehlender Nachweis lebensmittelrechtlicher Kenntnisse (Nr.4).

Der Begriff der *Unzuverlässigkeit* ist von entscheidender Bedeutung für die Klausur. Die Unzuverlässigkeit ist am jeweiligen Gewerbe orientiert zu konkretisieren.

Ein Gewerbetreibender ist **unzuverlässig**, wenn er nach dem Gesamteindruck seines Verhaltens nicht die Gewähr dafür bietet, dass er sein Gewerbe zukünftig ordnungsgemäß betreiben wird.

Hinreichend ist insofern insbesondere das Fehlen des Mindestmaßes an Sachkenntnis, andauernde Verstöße gegen gewerberechtliche Ordnungsvorschriften oder sonstige Rechtsnormen.

Beachte: Verschulden des Gewerbetreibenden ist nicht erforderlich, da es sich um ordnungsrechtliche Maßnahmen zur Gefahrenabwehr handelt.

Beispiel 109 (abschließender Fall zu den Versagungsgründen des § 4 GaststG): Gastwirt G möchte ein *sog. „Blindencafé" („Dark Room")* eröffnen. Hierbei handelt es sich um ein Café, das völlig abgedunkelt ist, so dass der Gast nichts sehen kann. Ursprüngliches Ziel war es, einem Sehenden so das Gefühl dafür zu vermitteln, mit welchen Schwierigkeiten ein blinder Mensch im Alltag zu kämpfen hat. Das gesamte Personal des Cafés besteht ausschließlich aus blinden Personen. Ist G die für die Eröffnung dieses Cafés notwendige gaststättenrechtliche Erlaubnis zu erteilen?

Lösung: Der Erteilung der gaststättenrechtlichen Erlaubnis könnte § 4 I Nr. 1 GaststG entgegenstehen, wonach die Erlaubnis zu versagen ist, wenn Tatsachen die Annahme rechtfertigen, dass der Antragsteller die Vorschriften des Arbeitsschutzes nicht einhalten wird. Problematisch ist im vorliegenden Fall die *Arbeitsstättenverordnung*, auf die § 4 I Nr. 1 GaststG verweist. Diese Gesetzesvorschrift soll Arbeitnehmer vor gefahrgeneigter Arbeit schützen. Da G aber nur blindes Personal beschäftigen wird, finden die dort geregelten Vorschriften über Beleuchtung (vgl. § 3 ArbStättV iVm 3.4 des Anhangs der ArbStättV) keine Anwendung. Damit ist G die gaststättenrechtliche Erlaubnis zu erteilen.

Hinweis: G muss mit seinem Café selbstverständlich auch den baurechtlichen Anforderungen genügen. Baurechtliche Vorschriften der Landesbauordnungen verlangen ausreichende Fenster, die die Gaststätte nicht nur mit frischer Luft, sondern auch mit Licht versorgen. Auf das Beleuchtungsgebot kann es allerdings bei solchen „Dark Rooms" nicht ankommen. Dieses gilt für sie genauso wenig wie für Diskotheken, Abendrestaurants u. ä. Einrichtungen. Darüber hinaus lassen sich Feuer-/Rauchmelder so mit der Beleuchtungsanlage koppeln, dass das Licht automatisch im Gefahrfall eingeschaltet wird. Natürlich müssen solche Dunkelräume in besonderer Weise eventuelle Gefahrenquellen durch die Anordnung der Einrichtung etc. vermeiden. Diesbezüglich gilt für solche Gaststätten dasselbe wie für andere Gaststätten auch.

Die Gaststättenerlaubnis kann mit *Nebenbestimmungen* versehen werden, insbes. Befristungen (§ 3 II GaststG) und Auflagen nach § 5 I GaststG. Im Übrigen gilt § 36 VwVfG.

Die Gaststättenerlaubnis entfaltet *keine Konzentrationswirkung.*

Beispiel 110: Soweit etwa eine Erlaubnis nach dem Straßen- und Wegegesetz (StrWG NW) oder eine Baugenehmigung nach der Landesbauordnung (BauO NW) erforderlich ist, muss diese *neben* der Gaststättenerlaubnis beantragt werden.

2) Aufhebung der Gaststättenerlaubnis

Gemäß § 15 GaststG kann eine Gaststättenerlaubnis aufgehoben werden. Die Vorschrift unterscheidet drei Aufhebungstatbestände:

- § 15 I GaststG sieht eine *zwingende Rücknahme* vor, wenn bereits bei Erteilung der Gaststättenerlaubnis Versagungsgründe nach § 4 I Nr. 1 GaststG vorlagen, die Erlaubnis also von Anfang an rechtswidrig war.

Beispiel 111: Gastwirt G betreibt eine Gastwirtschaft in der Dortmunder Innenstadt. Zwei Anwohner beklagen sich bei der zuständigen Behörde über die Zustände in der Gastwirtschaft. Als zwei Beamte die Gastwirtschaft aufsuchen, treffen sie G in stark alkoholisiertem Zustand an; G ist kaum ansprechbar. Die gesamte Gastwirtschaft befindet sich in einem völlig verwahrlosten Zustand, vor allem die Küche ist derart verschmutzt, dass dort keine Speisen mehr zubereitet werden können. Als die Beamten sich umsehen, droht G ihnen Schläge an. Die Anwohner sind erbost darüber, dass G die Erlaubnis seinerzeit überhaupt erteilt worden war. G sei zum Zeitpunkt der Erlaubniserteilung bereits wegen Trunkenheitsfahrten, gefährlicher Körperverletzung erheblich vorbestraft gewesen. Außerdem habe er damals gerade einen Rückfall nach einer wiederholten Entziehungskur erlitten. Die Gastwirtschaft sei schon bei ihrer Eröffnung in einem verheerenden Zustand gewesen; G habe sie von seinem Vorgänger V übernommen, dem die Konzession wegen der völligen Verschmutzung der Gastwirtschaft entzogen worden war. Da durch die Zustände in der Gastwirtschaft und durch das Verhalten des G erhebliche Gefahren für die Gesundheit und das Leben der Gäste bestehen, entziehen die Beamten G die Erlaubnis zum Betrieb des Gaststättengewerbes. Zu Recht?

Hinweis: Eine ordnungsgemäße Anhörung des G ist zu unterstellen!

Lösung: Als Ermächtigungsgrundlage für die Entziehung der Gaststättenerlaubnis kommt § 15 I i. V. m. § 4 I Nr. 1 GaststG in Betracht. Dann müssten bereits bei Erteilung der Erlaubnis Versagungsgründe nach § 4 I Nr. 1 GaststG vorgelegen haben. Zum Zeitpunkt der Erteilung der Erlaubnis befand sich die Gaststätte bereits in einem völlig verwahrlosten Zustand, so dass diese den notwendigen Anforderungen zum Schutze der Gäste und der Beschäftigten gegen Gefahren für Leben und Gesundheit nicht entsprach (§ 4 I Nr. 1 GaststG). Außerdem lagen Tatsachen vor, die die Annahme rechtfertigten, dass G dem Trunke ergeben war und damit die erforderliche Zuverlässigkeit nicht besaß (Rückfall nach wiederholter Ent-ziehungskur, erhebliche Vorstrafen wegen Trunkenheitsfahrten). Bereits bei Erteilung der Erlaubnis lagen somit Versagungsgründe nach § 4 I Nr. 1 GaststG vor. Gem. § 15 GaststG ist die Erlaubnis in diesem Fall zwingend zu entziehen, d.h. es liegt eine gebundene Entscheidung der Behörde vor. Die Beamten haben G die Erlaubnis damit zu Recht entzogen.

- Die Erlaubnis ist nach § 15 II GaststG *zwingend zu widerrufen*, wenn die Erlaubnis zwar ursprünglich rechtmäßig war, aber nachträglich Tatsachen eintreten, die die Versagung der Erlaubnis nach § 4 I Nr. 1 GaststG rechtfertigen würden.

Beispiel 112: Ohne Kenntnis des Gastwirtes G werden in seinem Lokal seit mehreren Monaten Drogen gehandelt. Das zuständige Ordnungsamt erfährt davon und beschließt, dem G die Gaststättenerlaubnis zu entziehen. G ist über diese Entscheidung erbost und wendet ein, dass er seinen Gaststättenbetrieb stets mit der erforderlichen Sorgfalt geführt habe. Auffälligkeiten, die auf Drogenhandel schließen lassen, habe er genau beobachtet und auch seine Mitarbeiter entsprechend angewiesen. Kann die Behörde G die gaststättenrechtliche Erlaubnis entziehen?

Lösung: Als Ermächtigung für die Entziehung der Erlaubnis kommt § 15 II i. V. m. § 4 I Nr. 1 GaststG in Betracht. Nach § 15 II GaststG ist die Erlaubnis *zwingend zu widerrufen*, wenn nachträglich Tatsachen eintreten, die die Versagung der Erlaubnis nach § 4 I Nr. 1 GaststG rechtfertigen würden. In Betracht kommt die *Unzuverlässigkeit* des G in Bezug auf den in der Gastwirtschaft stattfindenden Drogenhandel. Da G den Verhaltensanforderungen genügt hat, indem er die Gaststätte überwacht und auch sein Personal hierzu angewiesen hat, ist eine solche Unzuverlässigkeit zu verneinen. Der Widerruf der Erlaubnis aufgrund des § 15 II i. V. m. § 4 I Nr. 1 GaststG ist damit unzulässig.

- Schließlich sieht § 15 III GaststG einen *Ermessenswiderrufsgrund* für die im Einzelnen geregelten Fälle vor.

Beispiel 113: § 15 III Nr. 2: Verstoß gegen Auflagen nach § 5 GaststG.

Die Handwerksordnung (HandwO) dient in erster Linie der Förderung des Handwerks als Berufsstand, weniger der Gefahrenabwehr. Die gesamte gesetzliche Regelung zeigt, dass es sich hier um ein vom allgemeinen Gefahrenabwehrrecht losgelöstes Verwaltungsrecht handelt, das insofern verselbstständigt ist, als den berufsständischen Organisationen des Handwerks (insbesondere den Handwerkskammern, § 90 Handwerksordnung (HandwO)) wesentliche Kompetenzen anstelle der allgemeinen Verwaltungsbehörden zukommen. In der HandwO finden sich Vorschriften über

- den Berufszugang (§§ 1-20 HandwO);
- die Ausbildung (§§ 21-50 HandwO) und
- über die Organisation des Handwerks (§§ 52-116 HandwO).

Seit 01.01.2004 sind *umfangreiche Änderungen der HandwO* in Kraft getreten. Mit den Änderungen wurden erhebliche Lockerungen des Handwerkrechts realisiert, die den umfassendsten Liberalisierungsschritt im Handwerksrecht seit 1953 darstellen. Durch die Novelle wurde u. a. die Zahl der dem *Meisterzwang* unterliegenden, d.h. zulassungspflichtigen Handwerke auf 41 reduziert, die in der *Anlage A* zur HandwO enthalten sind.

Beispiel 114: Eine Zulassung als Handwerker benötigen z.B.: Augenoptiker, Bäcker, Boots- und Schiffsbauer, Dachdecker, Fleischer, Friseure, Glaser, Klempner, Maler und Lackierer, Schornsteinfeger, Tischler, Zahntechniker.

Zulassungsfreie Handwerke sind in der *Anlage B* zur HandwO enthalten.

Beispiel 115: *Keine* Zulassung als Handwerker benötigen z.B.: Fliesen-, Platten- und Mosaikleger, Estrichleger, Uhrmacher, Gold- und Silberschmiede, Schuhmacher, Gebäudereiniger, Drucker, Buchbinder und Fotografen.

Der selbstständige Betrieb eines Handwerks setzt die *Eintragung in die Handwerksrolle* voraus. Eingetragen wird, wer

- die Meisterprüfung bestanden (§ 7 Ia HandwO) oder eine gleichwertige Berechtigung erworben hat (§ 7 II und II a HandwO) oder
- eine Ausnahmebewilligung nach §§ 8, 9 HandwO erhalten hat (§ 7 III HandwO).

Die Eintragung vollzieht sich in einem *zweistufigen Verfahren:*

- Mitteilung über die beabsichtigte Eintragung (§ 11 HandwO) und
- Eintragung (§ 7 HandwO).

Die Mitteilung der Eintragung ist bereits verbindlich und enthält damit einen *VA*; der Betroffene kann diesen u. U. gem. § 12 HandwO bei der IHK anfechten. Die anschließende Eintragung selbst hat *konstitutive Wirkung*, weil erst durch die Eintragung der selbstständige Betrieb des Handwerks gestattet und die Pflichtmitgliedschaft in der Handwerkskammer begründet wird (§ 90 II HandwO).

Die Eintragung wird durch *Löschung* (§ 13 HandwO) aufgehoben, wenn die Voraussetzungen für die Eintragung nicht oder nicht mehr vorliegen. Auch dieses Verfahren ist zweistufig aufgebaut:

- Mitteilung der beabsichtigten Löschung (§ 13 III HandwO) und
- Löschung (§ 13 I HandwO).

Beide Stufen stellen *VAe* dar.

§ 17 HandwO unterstellt Handwerksbetriebe der Betriebsüberwachung. Es besteht eine Auskunftspflicht (§ 17 I HandwO) und ein Betretungsrecht für Beauftragte der Handwerkskammer (§ 17 II HandwO).

Beispiel 116 (abschließender Fall zum Handwerksrecht): Landwirt L betreibt im Landkreis Passau einen Bauernhof. Da der Betrieb schon seit längerer Zeit nicht mehr gut läuft, will L seine finanzielle Lage aufbessern und sich neue Einkommensquellen schaffen. Seit Generationen ist es in der Familie üblich, eigenes Bauernbrot zu backen; L hat diese Tätigkeit von seinem Vater gelernt und backt aus dem selbst angebauten Getreide vorzügliche Bauernbrote. Er stellt diese nun nicht mehr nur für den eigenen Bedarf der Familie her, sondern auch für vorbeikommende Touristen und andere Interessenten. Das zuständige Landratsamt erfährt hiervon und untersagt L in einer schriftlichen Verfügung die Fortsetzung der Bauernbrotbäckerei. Wer ein Handwerk betreibe, müsse zwingend in die Handwerksrolle eingetragen sein, andernfalls sei der Betrieb zu untersagen. Das Landratsamt wies darauf hin, dass das Bäckergewerbe in der Anlage A zur HandwO aufgeführt sei. L ist über die Entscheidung des Landratsamtes erbost. Das Brotbacken sei ein „Kinderspiel", das jeder in nur wenigen Wochen erlernen könne. Das Erfordernis einer mehrjährigen Ausbildung mit abschließender Meisterprüfung könne wohl nur als „schlechter Scherz" aufzufassen sein. Ist die Entscheidung des Landratsamtes rechtmäßig? **Hinweis:** Von der formellen Rechtmäßigkeit der Verfügung ist auszugehen. Auch ist zu unterstellen, dass die Eintragungspflicht nicht gegen höherrangiges Recht verstößt.

Lösung: Als Ermächtigungsgrundlage kommt § 16 III HandwO – als speziellere Regelung gegenüber § 15 II GewO - in Betracht. Die Verfügung des Landratsamtes müsste materiell rechtmäßig sein. § 16 III HandwO setzt den selbstständigen Betrieb eines zulassungspflichtigen Handwerks als stehendes Gewerbe entgegen den Vorschriften des Gesetzes voraus. Der selbstständige Betrieb eines zulassungspflichtigen Handwerks als stehendes Gewerbe ist nur den in der Handwerksrolle eingetragenen Betrieben gestattet, § 1 I HandwO. Eine Eintragung des Bäckereibetriebes des L in die Handwerksrolle ist bislang nicht erfolgt.

L müsste ein zulassungspflichtiges Handwerk ausüben. Gem. § 1 II HandwO ist ein Gewerbebetrieb der Betrieb eines zulassungspflichtigen Handwerks, wenn er handwerksmäßig betrieben und vollständig oder in wesentlichen Tätigkeiten ein in der Anlage zur HandwO genanntes Gewerbe umfasst. Bei der Tätigkeit des L handelt sich um eine dauerhafte, auf Gewinn gerichtete, selbstständige und erlaubte Tätigkeit und damit um ein *Gewerbe*, und zwar um ein *stehendes* Gewerbe mit einer ortsfesten Niederlassung. Problematisch ist in diesem Zusammenhang, ob die Tätigkeit noch als Urproduktion anzusehen sein könnte. Als Urproduktion sind alle Tätigkeiten anzusehen, die auf Gewinnung roher Naturprodukte gerichtet sind. Bauernbrot wurde jahrhundertelang in landwirtschaftlichen Betrieben gebacken; unter dem Gesichtspunkt der Üblichkeit ist es deshalb möglich, dieses traditionelle Backen von Bauernbrot noch der landwirtschaftlichen Tätigkeit, der Urproduktion zuzuordnen.

Allgemein besteht Einigkeit, dass die Be- und Verarbeitung der sog. ersten Verarbeitungsstufe noch als Bestandteil der Urproduktion anzusehen ist. Die weitere Be- und Verarbeitung gehört dagegen nicht mehr zur Urproduktion, sondern stellt die Ausübung eines Gewerbes dar. Hier handelt es sich bereits um die zweite Verarbeitungsstufe und deshalb um ein Gewerbe.

Die Tätigkeit des L müsste zulassungspflichtig sein, § 1 II HandwO i. V. m. Anlage A. Die von L ausgeführten Arbeiten gehören zur Handwerkstätigkeit eines Bäckers nach Anlage A Nr. 30. Da L jedoch lediglich Bauernbrote backt und damit nicht das gesamte Leistungsspektrum eines Bäckers abdeckt, kommt es darauf an, ob die Tätigkeit des Bauernbrotbackens *wesentlich* i. S. d. § 1 II, 2. HS HandwO ist. Dieses Kriterium dient der Abgrenzung zum *sog. Minderhandwerk*, d.h. solchen Tätigkeiten, die wegen ihres geringen Schwierigkeitsgrades keine qualifizierten Kenntnisse und Fertigkeiten voraussetzen. Obwohl das Backen von Brot allgemein zu den wesentlichen Tätigkeiten des Bäckerhandwerks gehört, kommt speziell für das Backen von Bauernbrot aus Getreide aus eigenem Anbau auch eine Bewertung als nicht eintragungspflichtiges Minderhandwerk in Betracht, da die Tätigkeit gekennzeichnet ist durch eine kurze Anlernzeit und eine einfache Teigzubereitung. Insgesamt besteht somit keine Eintragungspflicht, so dass die Verfügung des Landratsamtes rechtswidrig ist.

E. Das Reisegewerbe, §§ 55 ff. GewO

Ein Reisegewerbe betreibt gemäß § 55 I GewO, wer gewerbsmäßig ohne vorherige Bestellung außerhalb seiner gewerblichen Niederlassung oder ohne eine solche zu haben

- selbstständig oder unselbstständig in eigener Person
  - Waren feilbietet oder Bestellungen auf Ware aufsucht (Warenvertrieb) oder Waren ankauft,
  - (Dienst-)Leistungen anbietet oder Bestellungen auf (Dienst-)Leistungen aufsucht oder
- selbstständig unterhaltende Tätigkeiten als Schausteller oder nach Schaustellerart ausübt.

Beispiel 117: „Fliegende Händler" oder Standinhaber auf Privatmärkten.

Wer ein Reisegewerbe betreiben will, benötigt dazu eine Erlaubnis, die *sog. Reisegewerbekarte*, § 55 II GewO. Einige Tätigkeiten sind von der Reisegewerbekartenpflicht befreit (§§ 55 a, 55 b GewO). Das betrifft u. a. den Vertrieb von Lebensmitteln, wenn diese von Verkaufswagen oder –ständen in regelmäßig kürzeren Zeitabständen an derselben Stelle verkauft werden. Auch das Feilbieten von Druckwerken im Straßenverkauf ist ausgenommen. Eine Reisegewerbekarte ist ferner nicht erforderlich, soweit der Gewerbetreibende andere Personen im Rahmen ihres Geschäftsbetriebes aufsucht. Dies gilt auch für Handlungsreisende und andere Personen, die im Auftrag und im Namen eines Gewerbetreibenden tätig werden.

Beispiel 118: Häftling H möchte nach seiner Haftentlassung für einen Verlag als Werber für diverse Zeitschriften tätig werden und in diesem Rahmen Abonnements an der Haustür anbieten. Benötigt H hierfür eine Erlaubnis?

Lösung: Die von H angestrebte Tätigkeit ist gem. § 55 GewO erlaubnispflichtig, wenn es sich dabei um ein Reisegewerbe handelt. Zeitschriftenwerbung ist eine gewerbliche Tätigkeit, ohne vorübergehende Bestellung außerhalb einer gewerblichen Niederlassung, die auf den Vertrieb von Waren gerichtet ist. Ein *Reisegewerbe* liegt damit vor. Eine Befreiung von der Erlaubnispflicht gem. § 55 a I Nr. 10 GewO kommt nicht in Betracht, da H keine Druckwerke auf öffentlichen Wegen oder an anderen öffentlichen Orten feilbietet, sondern an der privaten Haustür. Die von H angestrebte Tätigkeit ist damit erlaubnispflichtig gem. § 55 II GewO.

Beispiel 119: Wieder geht es um den ehemaligen Häftling H, der inzwischen seine Tätigkeit als Zeitschriftenwerber aufgenommen hat. Sein ehemaliger Mithäftling M arbeitet ebenfalls für einen Verlag als Zeitschriftenwerber und fürchtet, dass H ihm als Konkurrent in die Quere kommen könnte. Um H „eins auszuwischen", beschwert M sich über ihn bei der zuständigen Aufsichtsbehörde und erklärt, dass H aus verschiedenen Gründen unzuverlässig sei. Kann die Aufsichtsbehörde gegen H vorgehen, wenn die Behauptung des M tatsächlich begründet ist?

Lösung: Bei erlaubnispflichtigen Gewerben - wie dem Zeitschriftenwerben - ist die Reisegewerbekarte zunächst gem. §§ 48, 49 VwVfG i. V. m. § 57 GewO zurückzunehmen bzw. zu widerrufen, anschließend sind eventuell Maßnahmen gem. § 60 d GewO (gleiches Verfahren wie bei § 15 II GewO für das stehende Gewerbe) zu ergreifen.

Hinweis: Reisegewerbekartenfreie Tätigkeiten können gem. §§ 59, 57 GewO bei Unzuverlässigkeit untersagt werden (vergleichbar dem Vorgehen nach § 35 GewO).

F. Der Marktverkehr

Teil IV. der GewO regelt die Ausübung des *sog. Marktgewerbes.* Das Marktgewerbe soll Käufer und Verkäufer an bestimmten Orten und zu festgelegten Zeiten in größerer Zahl zusammenführen. Um die Durchführung der Marktveranstaltung zu erleichtern, wird vor allem der Warenvertrieb auf Märkten von gewerberechtlichen Vorschriften freigestellt, die sonst im stehenden Gewerbe oder im Reisegewerbe beim Verkauf von Waren einzuhalten sind. Der Veranstalter unterliegt aber auch besonderen Pflichten, die in der GewO näher bestimmt sind. Es gibt folgende Veranstaltungsformen:

- die Messe (§ 64 GewO),
- die Ausstellung (§ 65 GewO),
- den Großmarkt (§ 66 GewO)
- den Wochenmarkt (§ 67 GewO) und
- den Spezialmarkt und Jahrmarkt (§ 68 GewO).

Auf Antrag ist eine *Festsetzung* (Erlaubnis durch die Gewerbebehörde) möglich. Diese ist Voraussetzung für die Wirksamkeit der *sog. Marktprivilegien.*

Beispiel 120: Zu den Marktprivilegien zählen u. a. die Entbindung der Marktbeschicker von der Reisegewerbekartenpflicht, die Möglichkeit der Veranstaltung auch außerhalb der gesetzlichen Ladenschlusszeiten oder die erlaubnisfreie Verabreichung von Speisen und alkoholfreien Getränken.

Beispiel 121: Der örtliche Verband der Einzelhändler beabsichtigt, in der Gemeinde G an einem Wochentag regelmäßig einen Markt abzuhalten, auf dem Lebensmittel sowie Obst und Gemüse für den täglichen Bedarf feilgeboten werden, um so die Attraktivität der Gemeinde in der Region zu erhöhen. Ein Verbandsvertreter erkundigt sich bei der zuständigen Behörde, ob und gegebenenfalls welche Erlaubnisse dafür erforderlich sind und welche Folgen eine eventuelle Anmeldung hat.

Lösung: Die Festsetzung (§ 69 GewO) eines Wochenmarktes (§ 67 GewO) führt zu einer Reihe von Privilegien:

- Titel II und III der GewO gelten nicht. Daher besteht keine Anzeigepflicht gem. § 14 GewO und eine Reisegewerbekarte (§ 55 GewO) ist nicht erforderlich.
- Es gelten meist günstigere Ladenschlusszeiten, vgl. § 19 des Ladenschlussgesetzes (Bund).
- Es besteht ein Teilnahmeanspruch gem. § 70 GewO.

Beispiel 122: Der vom örtlichen Verband der Einzelhändler geplante Markt findet tatsächlich in Übereinstimmung mit den Rechtsvorschriften statt. Der ortsansässige Gemüsehändler G möchte zu diesem Markt zugelassen werden. Das wird ihm durch den „Auswahlleiter" verweigert, der mit G noch eine „offene Rechnung" hat und sich auf diese Weise an ihm rächt. Hat G einen Anspruch auf Teilnahme an dem Markt?

Lösung: Gem. § 70 GewO besteht Marktfreiheit, d.h. jedermann, der dem Teilnehmerkreis der Veranstaltung angehört, hat nach Maßgabe der für alle geltenden Bestimmungen einen Anspruch auf Teilnahme. Gemüsehändler G erfüllt die Kriterien und hat daher einen Anspruch auf Teilnahme gem. § 70 GewO.

Zulässige Auswahlkriterien bei der Festlegung des Teilnehmerkreises sind u. a. die Reihenfolge der Anmeldung (sog. *Prioritätsprinzip),* das *Losverfahren, rollierende Systeme* mit turnusmäßiger Berücksichtigung und die *Attraktivität* des geplanten Standes. Dabei sind mehrere Kriterien zu kombinieren; unzulässig ist es hingegen, ausschließlich nach dem Grundsatz „bekannt und bewährt" Neubewerber auf unabsehbare Zeit auszuschließen; vgl. zu diesem Klassiker **Fall 6** der **Standardfälle Verwaltungsrecht AT.**

▸ Literatur

🕮 Standardfälle Polizei- und Ordnungsrecht, Fall 9

I. Gewerberecht

🕮 *Jochum,* Gewerbeuntersagung, § 35 GewO, **JuS** 2003, 1101 (Examensklausur)
🕮 *Frotscher,* Gewerbeuntersagung, § 35 GewO, **JuS** 1983, 114; 521 (Grundlagen)
🕮 *Hinze,* Beurteilung der Zuverlässigkeit, **DVBl** 1987, 1190 ff.;
🕮 *Ramsauer,* Probleme bei der Gewerbeuntersagung, **Jura** 1989, 435 ff.;

Rechtsprechung

BVerwG, JuS 1985, 241f. (Zulassung von Gewerbetreibenden zum Jahrmarkt; mit Anm. v. Selmer); BVerwG, DÖV 1985, 444 und 446 (Erlaubnis zum Betrieb von Spielhallen); BayVGH, BayVBl 1986, 559 ff.; (Sittenwidrigkeit von Peep-Show-Veranstaltungen); BayVbl 1988, 442f. (Gewerbliche Veranstaltung von Flohmärkten an Sonn- und Feiertagen); BVerwG, 1991, 388f. = DÖV 1991, 297f. = BayVBl 1991, 219f. (Gewerbeuntersagung; Beurteilungszeitpunkt); BVerwG, DÖV 1992, 218 f. = BayVBl 1992, 281ff. (Gewerbeuntersagung aufgrund von Steuerrückständen).

II. Gaststättenrecht

🕮 *Foerster,* Praktischer Fall: Eine Bhagwan-Gaststätte und ihr Nachbar, **VR** 1990, 136ff.;
🕮 *Steinberg,* Öffentlich-rechtlicher Nachbarschutz im Gaststättenrecht, **DÖV** 1991, 354ff.

Rechtsprechung

VGH Mannheim, NVwZ 1987, 338f. (Schließung einer Gaststätte wegen Störung der Nachbarn); BayVGH, BayVBl 1987, 275f.; (Gaststättenerlaubnis für eine der Bhagwan-Bewegung nahe stehende Gesellschaft); BVerwG, BayVBl 1989, 474f. = DVBl. 1989, 376f. (Widerruf einer Gaststättenerlaubnis wegen Rauschgifthandels und- konsums); VGH Mannheim, NVwZ-RR 1990, 187f. (Widerruf der Gaststättenerlaubnis wegen Duldens unerlaubten Glücksspiels).

III. Handwerksrecht

🕮 *Scorl,* Untersagung der Fortsetzung eines Handwerksbetriebes, **Jura** 1987, 215
🕮 *Ziekow,* Zur Einführung: Handwerksrecht, **JuS** 1992, 728 ff.

Rechtsprechung

VG Oldenburg, **NVwZ-RR** 1990, 469ff. (Abgrenzung zwischen Handwerk und künstlerischer Betätigung); BayObLG, **DÖV** 1990, 78f. (Eintragung in die Handwerksrolle).

Unsere Skripten Karteikarten Hörbücher (CD & MP3)

Zivilrecht

- Standardfälle für Anfänger (7,90 €)
- Standardfälle BGB AT (7,90 €)
- Standardfälle Schuldrecht (7,90 €)
- Standardfälle Ges. Schuldverh., §§ 677, 812,823
- Standardfälle Sachenrecht (9,90 €)
- Standardfälle Familien- und Erbrecht (9,90 €)
- Klausuren Übung für Fortgeschrittene (7,90 €)
- Basiswissen BGB (AT) (Frage-Antwort)
- Basiswissen SchuldR (AT) SchuldR (BT) (7 €)
- Basiswissen Sachenrecht, FamR, ErbR
- Einführung in das Bürgerliche Recht (7,90 €)
- Studienbuch BGB (AT) (12 €)
- Studienbuch Schuldrecht (AT) (12 €)
- Schuldrecht (BT) 1 - §§ 437, 536, 634, 670 ff. (9,90 €)
- Schuldrecht (BT) 2 - §§ 812, 823, 765 ff. (9,90 €)
- SachenR 1 – Bewegl. S., SachenR 2 – Unb. S. (9,9 €)
- Familienrecht und Erbrecht (Einführungen) (9,90 €)
- Streitfragen Schuldrecht (7,90 €)
- Definitionen für die Zivilrechtsklausur (9,90 €)

Strafrecht

- Standardfälle für Anfänger Band 1 (9,90 €)
- Standardfälle für Anfänger Band 2 (7,90 €)
- Standardfälle für Fortgeschrittene (12 €)
- Basiswissen Strafrecht (AT) (Frage-Antwort)
- Basiswissen Strafrecht BT 1 und BT 2 (7 €)
- Strafrecht (AT) (7,90 €)
- Strafrecht (BT) 1 – Vermögensdelikte (9,90 €)
- Strafrecht (BT) 2 – Nichtvermögensdelikte (9,90 €)
- Definitionen für die Strafrechtsklausur (7,90 €)

Irrtümer und Änderungen vorbehalten!

Öffentliches Recht

- Standardfälle Staatsrecht I – StaatsorgaR (9,90 €)
- Standardfälle Staatsrecht II – Grundrechte (9,90 €)
- Standardfälle f. Anfänger (StaatsorgaR u. GRe) (7,9 €)
- Standardfälle Verwaltungsrecht (AT) (9,90 €)
- Standardfälle Polizei- und Ordnungsrecht (9,90 €)
- Standardfälle Baurecht (9,90 €)
- Standardfälle Europarecht (9,90 €)
- Standardfälle Kommunalrecht (9,90 €)
- Basiswissen StaatsR I –StaatsorgaR (Fr-Antw.) (7 €)
- Basiswissen StaatsR II –GrundR (Frage-Antw.) (7 €)
- Basiswissen VerwaltungsR AT– (Frage-Antwort) (7 €)
- Studienbuch Staatsorganisationsrecht (9,90 €)
- Studienbuch Grundrechte (9,90 €)
- Studienbuch Verwaltungsrecht AT (12 €)
- Studienbuch Europarecht (12,90 €)
- Basiswissen Europarecht
- Staatshaftungsrecht (9,90 €)
- VerwaltungsR AT 1 – VwVfG u. AT 2–VwGO (7,90 €)
- VerwaltungsR BT 1 – POR (9,90 €)
- VerwaltungsR BT 2 – BauR BT 3 – UmweltR (9,90 €)
- Definitionen Öffentliches Recht (9,90 €)

Steuerrecht

- Abgabenordnung (AO) (9,90 €)
- Erbschaftsteuerrecht (9,90 €)
- Steuerstrafrecht/Verfahren/Steuerhaftung (7,90 €)

Sozialrecht

- Kinder- und Jugendhilferecht (7,90 €)
- Sozialrecht (9,90 €)

Nebengebiete

- Standardfälle Handels- & GesR (9,90 €)
- Standardfälle Arbeitsrecht (9,90 €)
- Standardfälle ZPO (9,90 €)
- Basiswissen HandelsR (Frage-Antwort) (7,9 €)
- Basiswissen Gesellschaftsrecht (7,90 €)
- Basiswissen ZPO (Frage-Antwort) (7,90 €)
- Basiswissen StPO (Frage-Antwort) (7,90 €)
- Handelsrecht (9,90 €)
- Gesellschaftsrecht (9,90 €)
- Arbeitsrecht (9,90 €)
- Kollektives Arbeitsrecht (9,90 €)
- ZPO I – Erkenntnisverfahren (9,90 €)
- ZPO II – Zwangsvollstreckung (9,90 €)
- Strafprozessordnung – StPO (9,90 €)
- Einf. Internationales Privatrecht - IPR (9,90 €)
- Standardfälle IPR (9,90 €)
- Insolvenzrecht (9,90 €)
- Gewerbl. Rechtsschutz/Urheberrecht (9,90 €)
- Wettbewerbsrecht (9,90 €)
- Ratgeber 500 Spezial-Tipps für Juristen (12 €)
- Mediation (7,90 €)
- Sportrecht (9,90 €)

Karteikarten (je 9,90 €)

- Zivilrecht: BGB AT/SchuldR/Grundlagen/Schemata
- Strafrecht: AT/BT-1/BT-2/Streitfragen
- Öff. R.: StaatsorgaR/GrundR/VerwR/Schemata

Assessorexamen

- Der Aktenvortrag im Strafrecht (7,90 €)
- Der Aktenvortrag im Zivilrecht (7,90 €)
- Der Aktenvortrag im Öffentlichen Recht (7,90 €)
- Staatsanwaltl. Sitzungsdienst & Plädoyer (9,90 €)
- Die strafrechtliche Assessorklausur (7,90 €)
- Die Assessorklausur VerwR Bd. 1 (7,90 €)
- Die Assessorklausur VerwR Bd. 2 (7,90 €)
- Vertragsgestaltung in der Anwaltsstation (7 €)

Irrtümer und Änderungen vorbehalten!

BWL

- Einführung i. die Betriebswirtschaftslehre (7,90 €)
- Marketing (7 €)
- Organisationsgestaltung & -entwickl. (7,90 €)
- Fallstudien Organisationsgestaltung & -entwickl.
- Internationales Management (7 €)
- Wie gelingt meine wiss. Abschlussarbeit? (7 €)

Irrtümer und Änderungen vorbehalten!

Schemata

- Die wichtigsten Schemata-ZivR,StrafR,ÖR (14,90)
- Die wichtigsten Schemata–Nebengebiete (9,90 €)

bedeutet: auch als **Hörbuch** (CD oder MP3-Download) lieferbar!

Bei **niederle-media.de** bestellte Artikel treffen idR *nach 1-2 Werktagen* ein!